こころの時代を歩く

大塚義孝

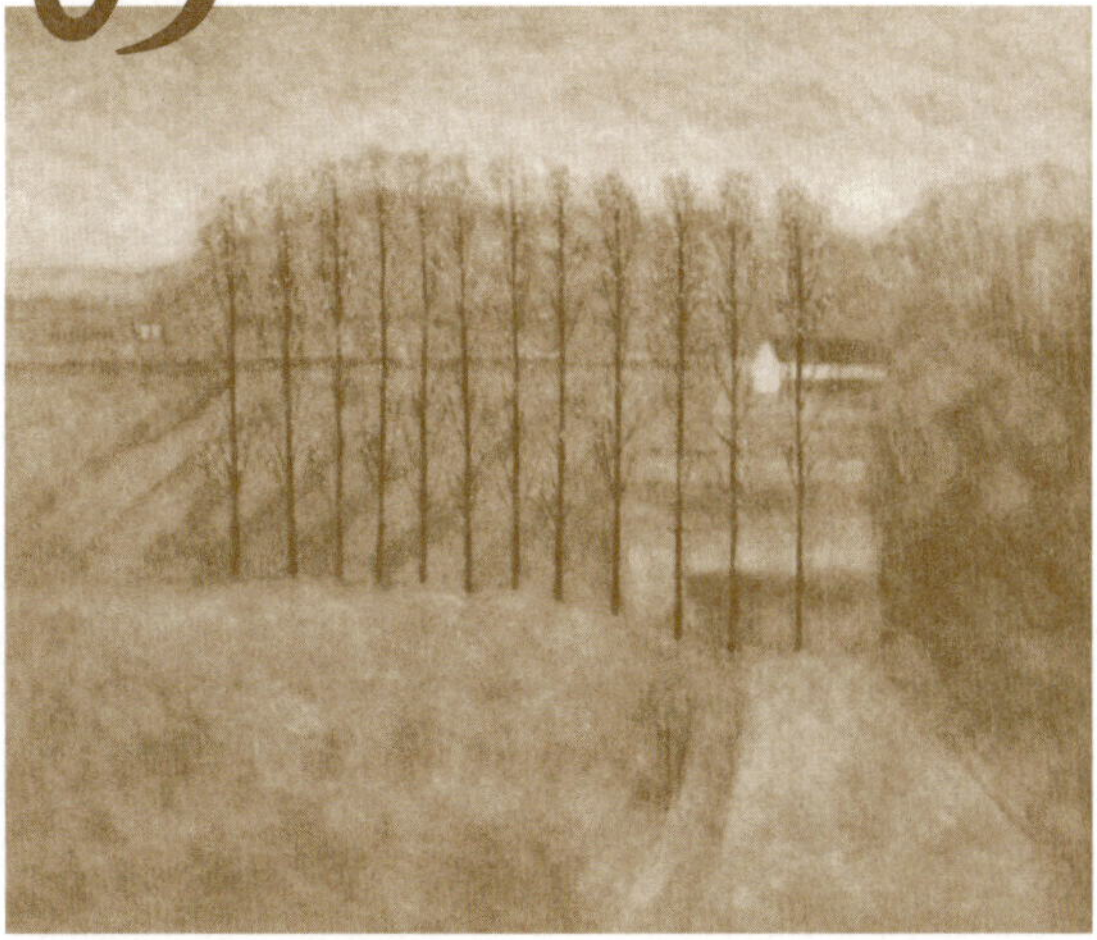

誠信書房

はじめに

本書は著者大塚の三回目の小論集である。タイトルも第二回目の小論集〝こころ学のススメ〟（一九九六）と似て『こころの時代を歩く』である。内容も五十歩百歩で汗顔である。この三回目の公刊に至るまでに十七年の年月が流れ、今回の十二年間に書きためた論調も、臨床心理学に明けて、臨床心理士の話に終る芸のない仕儀でまた汗顔である。

しかし、こんな勝手なことが言えるのも臨床心理学の黎明期から今日までの五十年余の己が人生にとって、先輩、同僚はもとより、さまざまな方々のご指導、ご助言、お力添えがあっての賜物である。深く厚く感謝したいと思う。

本書公刊の裏話というほどではないが、日本心理臨床学会や日本臨床心理士資格認定協会の次世代の先生方が、小生の喜寿（七十七歳）を祝う話をもちかけられ、京都女子大学定年（一九九六）後にお世話になった龍谷大学や佛教大学の先生方も協賛されて、その集いがこの夏に催されることになった。さしずめ本書は、祝って下さる有難いことへの〝返礼の著〟ということになりましょうか……。

本書唯一の書き下ろし論文「臨床心理学原論　補遺——スピリチュアルな自己体験から示唆されること」にも述べたように、二十一世紀の臨床心理学にはスピリチュアルな心的世界にも開かれたセンスが求められるのではないか。

寄る年波の附加現象ではなく、こうした祝宴の機会に寄せて、通過儀礼の如く、もの申す場を与えられるご縁は何ものにも代え難いスピリチュアルな喜びでもある。数え切れない関係の方々に改めて感謝申し上げたいと思う。

なお本書の編集・公刊には誠信書房の柴田淑子会長はじめ編集部の方々に何かとお世話になった。記して謝意を表したい。

平成二十年　盛夏

びわ湖大津の寓居にて

大塚　義孝

こころの時代を歩く——目次

第3部 こころの時代の羅針盤

第1部
こころの時代の臨床心理士

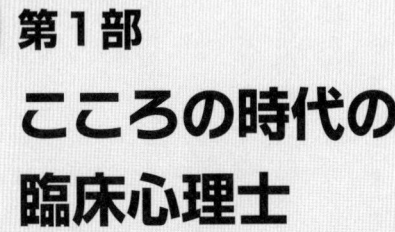

臨床心理学の新しいパラダイム
——臨床心理士養成とその課題

今回ご縁あって、鹿児島に参りましたが、この鹿児島大学大学院の臨床心理士養成のコースである人文社会科学研究科 臨床心理学専攻は、全国の多くの教育心理学系の指定大学院とは異なり、いわゆる人文学部系の指定大学院です。特に、私など、多少歳をいっている昭和ひと桁の人間にとっては、この鹿児島大学の臨床心理士養成コースが、旧制第七高等学校の末裔として誇り高い、明治から大正にかけてのアカデミックな固有の雰囲気があるようで、気に入っています。なつかしい市電の停留所も、その末裔をシンボライズする「法文学部前」という表示があります。皆さんの、この学びの場が、そうした背景から誕生し、未来に羽ばたこうとされているわけで、誠にご同慶の至りです。

さて、それは、ともかく、今回お話しをさせて頂くポイントとして、臨床心理学が今何故、こうも皆さんに深い関心をもたれ、また一般社会も、臨床心理学の専門実践家としての〝臨床心理士〟の活躍を期待するという状況がもたらされているのか、考えてみたいと思います。

私は、いつもこうした問いかけに対して、今日の日本をはじめ世界の二十世紀末から二十一世紀にかけて、次の三つのポイントがあると思っています。

その一つ目は、われわれの社会が、コミュニケーション・ロス（communication loss）の状況にある、ということです。

その二つ目は、関係喪失（relation loss）ということです。

その三つ目は、現実感喪失（reality loss）であります。

実際、今日のＩＴ革命といわれる、人間相互の連絡に資される、一種の電信文化とでもいえる、電報、電話に始まる携帯電話の機能の拡大・進化は、われわれをして、如何に一方的な連絡情報の渦のなかに放り込まれ、孤独化させているか……。想像を絶するものがあります。〝知らぬが仏〟で過ごせる人はヨシとすべきかも知れませんが、強迫的に携帯電話のボタンを押し続けて、液晶画面を見つめて薄笑いする相貌には気味が悪くなります。

第二の関係喪失についても、このコミュニケーション・ロスの果てに招来される、すこぶる今日的不幸の実像といえるのではないでしょうか……。いつも例えて言うことですが、私は朝八時十分の京都駅発の新幹線「のぞみ」に乗って東京へ行くことが、週に一回はあります。毎回、朝十時三十四分に寸分たがわず東京駅十五番ホームにピタリと安着する姿。まことに最新文明のシンボルのような見事な事実であります。しかし、その見事さに反して京都駅に駆けつける私自身の姿。車中の安楽なシートで原稿に目を通したり、うたた寝をする段にあっては、結構なことのようにも思えますが、ふと気が付く車窓の左側に展望される日本一の富士の山が、めずらしく一点の雲もなく麗峰をほしいままにする姿をみて、「一寸待って」と稀な富士の姿に魅せられ、列車の停止を願ったらどうなるか……。「一寸待って‼」と叫ぶ私自身に車内のお客は騒がれるは、専任車掌は、狂気の乗客の安否を案じて、「新富士駅」に緊急停止を要請するかも知れません。ピーポーと救急車がお迎えにきて、精神病院に緊急入院の処置が施されるかも知れません。あり得ない稚拙な連想物語のようでありますが、笑い事ではありません。われわれの日常生活は、あまりにも至れり尽くせりの完璧なるが故の「文明の力」が、如何に多くのことを犠牲にして、黙殺しているかを知らなければなりません。むしろこのことを気付かないことの方が恐ろしいことかも知れません。われわれの何とはなしの〝不安〟とは、実は、このことに由来しているとも考えられます。私のいう〝関係喪失〟の本質像でもあります。

第三の現実感喪失も似た状況にあります。〝アナログ〟から〝デジタル〟に変転したと騒がれている〝テレビ〟文化の実状をみてもこのことは、明らかになります。これも、いつも例えに申すところですが、織田信長が本能寺の変に憤死するテレビ・ドラマを想定してみて下さい。森蘭丸に、どう話したかどうかはともかく、火炎のたぎる奥の間に追い詰められた信長は、腹を掻き切り、画面に倒れ込んできます。しかし、たぎる炎の熱風の欠如と刃で腹を掻き切る音はズブッと確かに聞こえたようですが、ほとばしる鮮血の生臭さとは無縁な画面は、リアルであればあるほど、おぞましい空虚さを感じるのは、私一人の異常体験とはいえますまい。トマト・ケチャップで合成された血らしき噴射、耐えられない熱風に渦まき、目も開いていられない煙と炎の修羅場とは無縁な観覧の座敷の安閑とした状況は、異様以外の何物でもありません。テレビの仮想ないし擬似技術の精錬化は、視・聴覚の肥大によって、その怪物性を限りなく拡大しているようです。

少し話は古くなりますが、九州の西鉄バス・ジャック事件の少年が、六十四歳の女性乗客らを殺傷し、逮捕後「血が出るか……試してみたかった……」と言ったそうです。しかしこの少年の「つぶやき」は「むべなるかな」というべきかも知れません。実際、われわれは、あまりにも見事な仮想世界に沈倫させられているといっても、言い過ぎではありません。まさに、次に申し上げる〝臨床〟ということと不可分の異常世界に取り囲まれて生きているのです。つまり、生身の人間に、いかにかかわっていないか、ということです。臨床とは、生身の人間にかかわるということです。リアリティ・ロス、現実感喪失の世界が、実生活に、その喪失感を失念させて顧みない自らを、限りなく再生産しているようにも見えます。

実際、私どもの心理臨床実践の場で多くの人々にかかわり、その人々の病める、悩める思いに応える専門家として、自らの再確認をするために、いささかの現代評論的現状を述べてみましたが、次に述べたいことは、こうした状況にかかわるわれわれの専門とする臨床心理学とは、いったいどのような学問なのか……。ということです。

これを臨床心理学の独自性という文脈から述べることにします。

臨床心理学の専門性は、①臨床心理査定、②臨床心理面接、③臨床心理学的地域援助、④これら三つの専門性に関する調査・研究を試みる四種にまとめられます。実際このことは、臨床心理学の実践家である臨床心理士の専門業務として、臨床心理士資格審査規定の第十一条に示されています。臨床心理士の資格審査（試験）でも、この四つの専門性をふまえて出題されています。ついでに申しておきますが、一次試験のマークシート一〇〇題は、心理学の基礎問題二〇題、臨床心理査定問題三〇題、臨床心理面接問題三〇題、地域援助、法律問題等一〇題、これら四種の総合問題一〇題となっています。

さて話を戻しますが、臨床心理査定ということは、単に心理テストを行うことではありません。医学モデルの疾病の有り様を〝診断・鑑別〟することでもありません。シンボリックに申せば、今日の心理臨床にかかわる臨床心理学の原論的視点からも強調したいことは、〝診断から査定へ〟の視座に、その独自性の一端があるといえましょう。

一口で、診断（diagnosis）とは診断しようとする人の立場から、対象者であるクライエントか患者さんを、分類、鑑別してその特徴を明確化する営みです。診断しようとする者の作成した「正常モデル」と「異常モデル」に基づいてかかわろうとするところにあります。これに対し査定（assessment）は、査定される人の立場に立って、評価しようとする専門的な営みです。「学校へ行きたくない」という児童に、「登校拒否症」と診断するのではなく、子ども自身にとって、今「学校が、どのように受けとめられているのかどうか……」の特徴を明確化する営みといえましょう。実際、統合失調症で病む患者さんが、病院外来に受診され、緊張が多少ときほぐされ、老練な臨床心理士に、そっと吐く言葉は示唆的です。「……みんな寄ってたかって私を分裂病やと言うんです……」。また、神経症的な訴えをする患者さんは言います。「……みんな寄ってたかって、そんなことは気にするな……あなたは正常だ。少しも変わったところはない……」と。

まことに「診断」とは恐ろしい営みであります。とりわけ「心」を対象とする時に、この行為は極めて重要なテーマを内在させていることに気付かせるのです。心理診断は、常に心理査定へのセンスをふまえてかかわらなければならないのです。実際、表現の問題としても、「診断」とは医学パラダイムの中心的タームとして、医学発展の王道を歩ませてきた課題であります。今日の難病の解明は、この〝診断・鑑別〟に始まり、初めてその研究・実践の扉を開かせるものであります。あらゆる学問も、最初は、分類学から始まるもので、臨床心理学の初期段階で、精神医学の診断に寄与する心理診断として、その実力の精錬が求められたことは当然で、今後も、また求められることに拒否的であってはならないでしょう。しかし、臨床心理学の実践活動（治療的、援助的かかわり）に資する文脈からは、まさに診断から査定への視座を失しては、ある意味で臨床心理学の新しいパラダイムへの開かれた新しい王道は歩めないのではないかと思います。興味深いことに、査定（assessment）という言葉は、医学パラダイムから生まれた言葉ではありません。軍事産業というと、少しなじみにくいですが、第二次世界大戦のスパイ活動の任務につく者の的確な資質（性格）を見出すための心理学的評価の行為をassessmentといったようです。一九四一年から一九四八年にかけてアメリカ戦略軍務局（office of strategic services：O.S.S）、後の

ＣＩＡ（アメリカ国家安全保障会議）の公刊物 *The Assessment of Men* に始まるといわれます。いわば、個人の異常性や病理の同定に用いられるのが diagnosis（診断）で、assessment は諜報活動に向く性格特徴には、〝勇気があり〟〝意志が堅く〟〝忠誠心がある〟といった一種のポジティブな視点からの評価に与えられた表現であったようであります。一方、われわれの業界では、皆さんおなじみのロールシャッハ研究誌で有名な、カリフォルニア大学のクロッパー教授（Kloper, B. 1900–1971）の公刊した *Rorschach Research Exchange*（1936）の改訂版 *Journal of Projective Techniques and Personality Assessment* に、このアセスメントの表現が初めて見出されるようになります。一九六三年のことです。アメリカ臨床心理学が、ようやく本格的に診断から治療（カウンセリング）活動にかかわるようになった時期であったことも示唆的であります。

ところで、この診断から治療へということでありますが、この言葉と実際活動のあり方についても極めて重要な、心理臨床パラダイムの固有で重要なテーマが含蓄されていることに気付かなければならないと思います。

心理臨床の実践活動の究極の求められる姿は、対象となったクライエント、悩める人が、その悩みを克服し、新しい自己の世界に自己を実現させていくところにあります。医療パラダイム（Bio の世界）は、病む異常性から元の姿に回復する営みといえるものです。腹痛患者は、痛くなくなる元の姿に回帰することです。これに対し、臨床心理士のクライエントに対する治療的かかわり、心理臨床パラダイム（Psycho）は医療パラダイムとは異なります。
まさに独自性として、病む人を病まないように元に戻すのではなく、その個人が固有に内在させ、外界へかかわろうとする潜在力を、引き出させる援助活動のなかに、その本質像があると考えられます。単なる回復ではなく、その個人の固有にもっている価値観の創造への営みであります。病もまた、その心理臨床的アプローチからは、創造的病（creative illness）といわれる所以です。

スクールカウンセラーの活躍する学校場面での姿は、教師の行う行為とは異なります。教師は児童生徒にかかわり、彼らの未来の成長・発展のために、読み書き計算はもとより、難しい代数や幾何学の証明手法の学習に頑張らなければなりません。学校の先生は、なんといっても教え育む、つまり教育と訓練に精励するをもって旨とするのです。勉強はきらいという子どもには、何としても勉強を好きになってもらわなければなりません。九九の嫌いな子どもにも、何としても覚えてもらわなくてはなりません。「君は九九があまり好きじゃないんだね……」と言って子ども自身の好みを、それなりに評価して（受容）かかわる臨床心理士とは異なります。

教師は、少なくとも教育、育成課題として、市民・国民・世界人としてのモデル人間像に向けて、つまり統一的価値観の具現者たることを求めて、かかわらなければなりません。これは学校場面でのスクールカウンセラー像と基本的に異なるところです。学校臨床心理士の実践像は、登校をしぶる子どもを、学校の先生や親や教育委員会のメンバーの方々が共有する価値観に従って、ディレクティブにかかわることとは一線を画するところにその独自性があるといえましょう。いわば、医師、臨床心理士、教師の専門行為（業務）の共通性として、これを、人（専門家）が、人（患者、クライエント、生徒）にかかわり、そのかかわった人に影響を与える（変化）専門家たちであるとの共通認識から、逆に個々の専門家の異なるところ（独自性）を示してみたわけです。

人に影響を与える専門家として、もうひとり、医師や教師よりも、はるかに昔からおられた方があります。お寺のお坊さんです。チャペルの神父さんです。宗教家ともいえましょう。この方々も、神や仏の前にぬかづく人々に対し、さまざまの心の影響を与えようとします。悟りの世界への誘いとでもいえるものです。宗教カウンセリングといわれる領域で、心理臨床パラダイムから考えられる面接業務の極にある、人が人にかかわり、その人に影響を与える専門家といえるかも知れません。

医学（Bio）、心理（Psycho）、福祉（Socio）に加えてSpiritual（魂または宗教性）といった専門的面接（治療）的かかわり世界の類似性、独自性、つまり異同性が認識されます。またこの関係性をもう少し境界性の文脈から整理すると、この面接行為の欧語的表現で示すならば以下のようになるのではないかと考えます。

医学のそれは treatment（処置）をもって王道とします。そしてそれは therapy（治療）となって心がいささか関与し、心理臨床との境界性を帯びてまいります。やがて心理臨床の中核は interview（面接）となり、次の教育や福祉的かかわりとの境界に至ります。intervention（介入）であります。心の危機（たとえば自殺企図）やサボタージュや虐待等の危機への介入行為に共通するかかわり像であります。そしてこれらは、教師や福祉士の中心的に行う education（教育すること）や helping（援助）からさらに care（介護）となりましょう。図示しますと、

処置（treatment）⇕治療（therapy）⇕面接（interview）⇕介入（intervention）⇕

教育・援助（education・helping）⇕介護（care）

となります。

こうした臨床心理学ないし心理臨床行為の中心的なものともいえる援助活動としての面接行

為、つまり心理療法やカウンセリングにみる独自性のある諸活動に加え、今日の臨床心理学のもう一つの重要な専門課題、専門行為と考えられるものが、臨床心理的地域援助の活動です。医学パラダイムで言うと保健・公衆衛生に比喩される領域です。この視点は今日の大発展をみましたスクールカウンセリング事業にみる学校臨床心理士の諸活動にみられる専門行為といえましょう。学校場面における、しかも内からではなく外からかかわる専門家（文部科学省はこの外からかかわる臨床心理士の専門行為を外部性といって、一つの特徴として注目しました）で、黒子として学校の先生や保護者や児童・生徒を援助するところにあります。個人（児童・生徒）の支援に資すること、回復することに変りはないにしろ、学校集団に所属する人々すべてにかかわる視座からの援助、介入姿勢を基本とするものであります。個々の「カウンセリング」にも「コンサルティング」にもかかわる姿勢も、この領域を特化させるもう一つのキー・ワードとも言えましょう。三年前の臨床心理士資格試験の論文テーマに、「カウンセリングとコンサルティングの異同について論じなさい」とありましたが、まさに、この類似した相談活動を深く理解してスクールカウンセラーたる者は業務に専念しなければなりません。

consulting room とは診察室のことです。心理相談室（counseling room）とは異なります。この言葉の語源は、日本人的理解とは微妙に異なります。consulting psychology が医療心理学、つまり臨床心理学を、アメリカの斯界、ことに医療世界ではそう言っていたようです。実際、このことを物語るものに一九三七年より公刊の*Journal of Consulting Psychology* は、一九三六年頃より、ようやく"*clinical psychology*"が Handbook として公刊され臨床心理学が一応、知られるようになり（正確には第二次世界大戦が終結した一九四五年以降、戦争神経症の復員兵士を援助する実践的な心理学として、はじめて clinical　psychology がアメリカ社会で─世界で初めて─一般化するようになる）、一九六八年の第三十二巻から *Journal of Consulting and Clinical Psychology* と改題されて今日に至っていることは示唆的です。

カウンセリングが心理相談の概念として、ことにカール・ロジャーズ（Rogers, C. R. 1902–1987）によって普及したのは事実のようですが、このカウンセリングに込められた心理相談活動（援助）は、明らかに後発の概念であったことがわかります。いささか話がそれたようですが、この話はともかくとして、学校場面でのスクールカウンセリングは単に一対一のカウンセリング・ルームで学校生活になじめない児童を援助することにとどまるのではなく、広く校長先生とも担任の先生とも、いわんや児童・生徒の親たちの相談にも的確に対応してこそ、学校臨床心理士の役割が評価されるのです。このためにも臨床心理士たる者は、まさにカウンセリングとコンサルティングの異同を深く認識し、関係者の心の支持に資さなければならないと思います。つまり、カウンセリング（相談）は、自分自身の悩みや問題について、カウンセラーに相談することです。コンサルティングとは、自分ではなく、他人のこと、つまり学校の先生が、自分のクラスの生徒のことについて、カウンセラー（コンサルタント）に相談することを言います。母親が自分の子どもについて、カウンセラーに相談することも、一元的にはコンサルティングの営みといえます。しかし、このかかわりは、しばしば母親自身の悩みに転化して、相談の次元を複雑にさせ、一般のカウンセリング（自分自身の悩み）の様相を呈するようになるものです。

一方、コンサルタント的かかわりは、学校場面で、さまざまな専門関係者の共同と相互関係的、力動的かかわりによって、キー・パーソンとなる児童・生徒の自己実現に寄与する必要が求められます。ネット・ワーク的かかわりやリエゾン的かかわり、あるいはコラボレーション（協働）といわれる営みです。またこれは、学校に関与する、さまざまの外部資源の活用です。病院、図書館、警察、家庭裁判所、児童相談所、福祉センター等々のネット・ワーク化であり、リエゾン機能です。リエゾン（Liaison）とはフランス語で「滑らかにつなぐ」意を本義とするようです。心理臨床のキー・ワードとしては、同一組織内で種々の専門家が、それぞれの立場で協働し効果が維持できるように橋渡しをする役割を内的リエゾン機能といっています。所属組織外の資源の関係者（医師、司書、警官、裁判官、心理判定員、福祉士等）を橋渡しし、結びつける営みを外的リエゾン機能ともいっています。

いずれにしろ、臨床心理学的地域援助という、臨床心理学における第三の柱とも見倣される専門領域は、コミュニティ心理学の知見も多く取り入れ、とりわけスクールカウンセラーの実践活動に固有な効果をもたらした意義は注目されます。このスクールカウンセラーの活動が、今日の臨床心理学のわが国における固有な発展に果した役割は特筆されるものがありました。ことに、一対一の個室におけるカウンセリングからコンサルテーションへの視座、リエゾン機能への注目を通じて、臨床心理学の深化と拡がりに寄与した意義は看過できないものがあります。今日これらの研究と実践活動は、子育て支援活動や犯罪被害者や災害被害者の心の支援へと発展しつつあることも注目されるところです。とりわけ臨床心理学の実践活動家としての臨床心理士の場の多面化、拡大化に資するテーマとしても深い関心をもっているところです。

第四の柱としては、今日の臨床心理学が、単に応用心理学の一領域といった誤認識を克服し、古典的学問の定位からみても固有な学問として、その独自性を担保するようになったのは、臨床心理学に固有に活用される研究法（methodology）が精錬されてきたということです。いわゆる従来から言われてきた事例研究法とは一線を画した事例研究法の活用であり、展開であります。周知のように従来からの事例研究法は、①稀な事象や実践行為の新しい重要な方法に関する詳細な記述の提供、②実証的裏づけを欠いたままに一般化されてきているある種の理論やテーマに反証することのできる事例についての記述、③統制された研究で検証可能な仮説を、さらに発展し補完させる事例研究に関するものです。実際、私どもが四十年以上も昔に、病院臨床の現場にあって、精神科医の先生方と共同研究の末席を汚《けが》して、よくつぶやいたものです。精神分裂病（統合失調症）の幻覚・妄想を訴える意味内容や、その病態について、教科書的に学習してイメージ化した病態像が、眼前におられる患者さんの固有像と酷似しているとき、このケースは、「症例ものですね‼」といったものです。いささか化学実験のようで、今こんなことを言っていた自分自身に気恥ずかしいものを感じますが、それはともかく、従来の事例研究とは、こういった既存のモデルを支持する症例を自らが体験した時に、合点して、その典型例を世に問う形でまとめるものが、症例もの、つまり事例研究であったわけです。しかし、こういったアプローチでは、今日の臨床心理学は、発展を見なかったでしょう。まさに臨床心理学に特化された視座からの事例研究が、その学問的普遍性を担保するものとして成長し、発展してきたのです。一口で、臨床心理学の固有な事例研究とは、臨床家個人が、今、眼前にかかわっているクライエント（被援助者）との援助的関係（三人称的でない、二人称的である）として、どう影響を与え、与えられ、そのクライエントとのプロセスを意味づけ、全体像的、相互関係的、質的、唯一存在性（再現不可能性）に明確化する記述的作業といえましょう。従来の量的、演繹法的、客観化し、法則定位的（nomothetic）ではないことを旨とします。

この新しい臨床心理学の事例研究は、十人のクライエントにかかわれば必ずその一人ひとり、つまり十通りの固有な、独立的で、一元論的な事例研究がなされることによって、その有用性、普遍性、実証性を明らかにするものです。大学院研究科の論文審査会議で、二十年前くらいまでは、まだまだ、われわれのいう事例研究は、肩身の狭い思いをしたものです。しかし、さすがに今日では、もとよりその内容水準にもよりますが、十分に審査会議で正当に評価されるようになったことは一つの進歩といえましょう。もとより事例研究の臨床心理学における固有な独自性を示す、大きな特徴といえますが、学問の成り立ちとして、この事例研究に始まり、終わるものではありません。三人称化し、対象化し、客体化して得られる量的、物質科学的視座からの知識と教養によって鍛えられた演繹法的センスを基礎にもっていることは極めて大切であります。いみじくも、この事例研究法のわが国での確立に中心的な役割を演じられたのは、日本心理臨床学会の元代表でもあった京大理学部数学科出身の河合隼雄博士であることも示唆的であります。ユング心理学に傾倒し、その全体像的、家族的、相互関係的に人間理解を試み、神話や文学に造詣深いものをもたらされたのも、根底に、対極的な数学の世界があったことを知らしめるのです。

特別な人の話はともかく、皆さん方、大学院までかかわって、臨床心理学を専攻し、世の中に寄与しようとする以上、数学や実験が嫌いなので、臨床心理学を専攻し、事例研究をやっているのでは、様になりません。少し専門的に表現するならば、量的、客観的、実証的にかかわることによって二十世紀の文明の大発展をもたらしたのは、あらゆる対象に操作的にかかわった世界といえましょう。実際、今日の文明社会は図り知れない進歩らしきものをもたらしたようです。これらは、すべてが、その研究手法に客観的、操作的かかわりによっているのです。しかし、このことが、如何に、人間一人ひとりの生き様に、図り知れない損失と理由なき不安をもたらしたか……。

今日、只今、われわれの前におとずれる心を病む人のあとを絶たないことも、このことを如実に物語っています。どうやら二十世紀の量的な操作的かかわりから、二十一世紀には、その対極としての質的な事例研究法を求めさせる必然にも似た状況があるといえるのではないでしょうか。一見、唯我独尊的認識のようにも思う人が、ひょっとしておられるかも知れませんが、あえて申したいと思います。「状況があるといえるのではないでしょうか…」といった、生易しいことではないと思います。本論の最初に申し上げた、臨床心理学が何故、いま、求められるのか。それは communication loss, relation loss, reality loss の三つの喪失にあることを強調しました。

そして実際、このことを、一人ひとりのクライエントの方々から掬い上げ、われわれ心理臨床家に、その尊厳ある唯一の個人、その人の有り様を明確化させるのが事例研究の手法によってはじめて可能であることを実感させるのであります。

大学院研究科の日々の私自身の臨床教育活動のなかで、週一回試みられる院生全員と担当教員全員参加のケース・カンファレンスでの事例報告は、実に多くのことを学ばせる得がたい、最大の臨床心理的冥利であるようであります。人間、一人ひとりに潜在したり顕在したりする様々の業《ごう》ともいえる深く悲しい物語に、沈黙と多弁の討論が織り成す状況は、まさに、この冥利の実相です。

鹿児島大学大学院の皆さんも、ご指導頂く先生方も、必修科目として定位されている臨床心理基礎実習と本番の実習(臨床実験)の体験がこの臨床心理学の冥利を体験する最大の贈り物であることを再認識され、大いに頑張られることを期待するものであります。今回のお話はこれで終わることとします。失礼しました。

(二〇〇四)

臨床心理学とは……。

臨床心理学とは、「心を病む人々に親しく臨《のぞ》んで、病む人々の回復に資するための心理学的原理と技法を研究し、その応用をはかる科学である。また同時に、心の健康生活に寄与するための学的営みである」。

これは筆者のつとにこの学問にかかわってきた変遷の過程で収れん化された最近十年間ほどの、いわゆる筆者の定義である。もちろん臨床心理学が、その表現として世界で最初に見出されるのは百年前のペンシルヴァニア大学（アメリカ）の付属心理クリニックを創設した（一八九六）心理学者ウイットマー（Witmer, L.; 1867–1956）に始まり、今日に及んでいる。

わが国では、第二次大戦後に自覚的な「臨床心理学」としての出発をみている。さしずめ、学問としての臨床心理学は西欧で六十年余、日本では五十年弱の歴史を有しているということになるが、臨床心理学の対象とするものが人間の「こころ」であるだけに、定義一つ考えてみてもなかなか大変なのである。二十世紀の前半を支配した近代自然科学的認識からは、よけいに難題である。

精神と肉体という古典的な二元論的認識による了解では、いかにも芸がなさすぎる。さりとて「こころの現象学的把握」をもって「よし」とするのも、もう一つである。とりわけ臨床心理学を初めて学ぼうとする人々に対しては「心理学」そのものが哲学（認識論）から派生した事実を、まず、どう合点させるかに「こころ」を砕かなければならないから大変である。

「心を病む人」とは、一応素人でもなんとなく判るものである。もちろん「病む」ことの意味は永遠のテーマであるが、そのことは別に置くとして、しかし、その病む人々に「親しく臨む……」ということになると俄然むずかしくなるのである。

「臨床」の意味は医学の占有概念ではない。本来的に「臨床」における「床」とは、学問のフィールドを指す。「臨」むとは、直接かかわることを意味する。「臨床」とは、げに生身の人間に直接かかわることである。実践の学たろうとした教育学が「臨床教育学」を呼称し、「福祉学」や社会学もまた、「臨床福祉学」と呼称し、「臨床社会学」たろうとしているのも、単なる偶然の一致ではない。実践の学たろうとするものの符丁である。

さて、それはさておき、この臨床心理学における、「親しく臨む」という、「親しく」ということである。生身《なまみ》の人間にかかわることであるだけに、この「親しく」の実体を学ぶことの難しさは一通りではない。

十九世紀後半から二十世紀前半の華やかな自然科学的認識は、万物を対象化し、これを一種の三人称的に理解して驚異の発展（?）をもたらした。「人」ではなく「ヒト」としての物的認識である。「こころ」は「一四〇億の脳細胞《ニューロン》」[注1]としてである。それに対して一人称的かかわりとは、「貴方は私」「私は貴方」の同化的認識である。恋人同志の世界であり、人をして、しばしば感動へと誘《いざな》う。宗教と神話の世界にも限りなく近づく。

かくて臨床心理学的接近、つまり「親しく臨む」とは二人称的にかかわることをもって「よし」とするのである。二人称的とは「汝」と「我れ」の関係である。he でも they でもない。I でも me でもない。you の世界なのである。臨床心理学が、今日その独自性を明確化し、固有な実践科学たり得るためには、この二人称的かかわりの果実に関する科学を如何に構築するかにある。固有な独立した学問には、原理（principle）と研究法（methodology）があるという。敢えてこの主張に添えば、さしずめ臨床心理学の固有な研究法は「事例研究法」をもって白眉とする。しかし「こころ」の支援活動（心理療法的かかわり）が事例研究の対象となるとき、文字通り二人称的かかわりから三人称的になるときであるから厄介である。心理臨床の「学」たることの難しさである。

知ってか、知らずか、「クライエント」との共感と共有は、キーワードとなって臨床心理学の応用実践家（臨床心理士、カウンセラー）を魅了するようにみえる。それはまた、そのまま、「診断」と「分析」を、ことのほか忌み嫌うようにさせるようだ。臨床心理学（深層心理学、精神病理学）の碩学《せきがく》ユング（Jung, C. G.）は「臨床的診断は、治療家に特定の指針を与えるので重要であるが、それは患者を助けるものではない。重要なのは物語である」などといわれるから大変なのである。しかし、ユングもフロイトも、片や分析的心理学と呼称し、片やフロイトは周知の精神分析（学）（psycho-analysis）をうち立てた。いずれも今日のカウンセリングの原点ともなった「こころ」の発見と発明にあり、まさに「ヒト」ではなく「人」を分析したが故に、世界で最初に二人称的意味を自覚し、それを学として今に伝えたのである。「親しく臨む」ことの意味を吟味したいものである。

（一九九七）

（注1）　今日では一〇〇〇億～百兆億までである。

「臨床心理士」養成に資するクリニック・センターの課題

佛教大学の「附属臨床心理学研究センター」は、長年にわたり、蓄積してきた心理臨床に関する実践活動のエッセンスを、大学・学部や大学院の専攻コースのカリキュラムの展開に主要な役割を演じさせようとしている。タイム・スケジュールは、平成十二年四月開校(講)を目途に、学部にあっては教育学部に臨床心理学科を、大学院では、生涯教育専攻課程(修士)に、臨床心理コースを新設することになっている。

いずれも平成十一年度中に文部省や財団法人(文部省)日本臨床心理士資格認定協会の許認可を得る予定となっている。厳密には、その枠組や内容については、許認可を得てからの話が本筋である。しかし、ここではいささか許認可に向けて多少の努力を重ねている過程で、当クリニック・センター等の諸活動の内容が、どのように的確かつスムースに教育・訓練システムに統合されていったらよいのか……。一斉ならず考えさせられることが多くなった。そして、そのためには、単に佛教大学固有の問題ではなく、「臨床心理士」を養成するためには、大学・大学院のカリキュラムで求められている臨床心理「実習」や「演習」は、どのように展開されるべきか……、一般論として、明確にする必要性を痛感するのである。もちろん、佛教大学に限らず筆者の別の立場（大学院指定制の推進）から、この問題は焦眉の課題である。話が拡大しすぎる恐れなしとしないが、その点はお許し願いたい。

日本心理臨床学会の「カリキュラム検討委員会」では、十年以上にわたりこの問題について検討を重ね、一九九三年の一一巻特別号（心理臨床学研究）、および一九九五年三月の第一二巻四号で一つのまとまった見解を公表している。また、こうした学会レベルの貴重な提言をふまえ、平成八（一九九六）年度より、いわゆる臨床心理コースを特定する大学院修士課程の指定制の実施にともない、そのカリキュラムの基本モデルを提示してきた。さらに平成十二（二〇〇〇）年度開校（講）の指定制大学院コースよりは「実習」や「演習」を一層重視するカリキュラムを求めることとなった。かつ、この改革は一種に該当する大学院は附属の心理・教育相談室（クリニック）を必須設置条件とするが、そのクリニック活動の面では、院生の実習、演習と不可分に活用されることを前提に、従来の大学院修了後一年間の心理臨床経験（インターン）を求めず、修了時直近の「臨床心理士」資格試験の受験が可能となったことである。

従って、佛教大学の場合、大学院指定コースにかかわる「臨床心理学研究センター」のクリニック活動の内容は、当該関連院生の教育・訓練に不可欠の要素をもつことになり、その展開の使命と課題は無視できないのである。全国的に臨床実践の場から教育機関に発展する場合と、教育機関がクリニックを新たに設けて出発する二通りがある。五対一の割合で、後者の方が多い。二十年前の大病院が医科大学に発展する新設ラッシュの功罪は、ここでは規模が大きすぎて参考にならない。しかし、担当者の心情には、非常に似たものがある。昨日まで治療者（カウンセラー）と患者（クライエント）は余人を交えない一対一で、プライバシーが保障される場であったものが、ある日突然、臨床実習のカリキュラムの展開に基づき、学生（院生）が陪席する事態をどう受けとめ、対応するのか……。

実際、基本的な訓練モデルとしては、たとえば臨床心理実習（インテーク実習の場合）は、院生一年生後期配当科目に位置づけられ、院生二名が書記となりクライエントとインテーカーのやりとりを記録する。他の院生はワンサイドミラーまたは衝立の後ろにいる。必ずこれらの状況についてクライエントの了解を得ることとなっている。来談者への条件によって陪席条件を工夫することも必要である。

附属施設は得がたい実習経験の場である。クライエントの犠牲によって得られる果実の重みを体験する院生の真剣さはまた貴重なのである。加えて陪席した者全員による話し合いも実習の成果を多角化させて貴重である。

「演習」についても、これを「文献購読」と「事例研究」について学ぶことが求められている。とくに文献上の代表的事例や附属クリニックでとりあげられた典型例の勉強をふまえ、かつ前述のインテーク実習や遊戯療法等の関与を経て、修士二年生段階ではスーパーヴァイザーの助言を得て、軽度のクライアントを実際に担当することである。臨床心理実習週一回三時間を十五回して一単位とする基準をもうけたところにある。また担当教員は、複数指導制をそのモデルとしている。但し、一名は必ず大学院担当教員の辞令(非常勤も含む)を必要としている。クリニックのスタッフが、どのように従来の心理臨床業務のみに限らず、教育・訓練スタッフとして、その役割を担っていくかが、大きな課題である。

いわゆる外来としての来談者の援助(臨床)活動が、附属クリニック施設の展開によって漸次充実され、それが臨床心理士養成のための大学院指定コースを誕生させる決定的要因となった。しかし、上述した「実習」のモデル(理想にはほど遠い)の実行にあたって、どのような工夫がなされてきたか、まだまだ条件は厳しい。けれども、たとえば一種の指定を得た九州大学大学院教育学研究科、教育心理学専攻（現・心理臨床学大講座および臨床心理相談学大講座：教員一〇名）の場合、この一〇名の教育の相談員（常勤）に加え、非常勤の臨床指導員、面接指導員等すべて臨床心理士有資格者で四〇余名の関係者がコミットして、クリニック活動（実習）を支援している。一週六日間曜日チーム制を採用して、院生の実習を保障しているのは、貴重な参考モデルであろう。つまり、専任教員は週一回任意の曜日をチーフとして担当し、その責任を負う。非常勤指導員も同様に支援メンバーとして参画するわけである。後期博士課程の院生も四〇余名のうちに含まれる。

もとより、本邦での京都大学と共に大モデルとなる九州大学の例はなかなか一般化することは困難であろう。しかし、臨床教育を前提とする限り、これらの課題は避けて通れないのである。文部省当局は、平成十年から十一年度にかけて、従来よりの理系に限っていた学術フロンティアに関する研究助成を、文系、とくに臨床心理に関連するクリニック活動の教育・研究活動について、施設はもとより関係スタッフに関しても、五年を目途に大々的な助成を展開しようとしている。佛教大学附属臨床心理学研究センターにとっても、その展開の道が適切ならば、十分に可能性なしとしない。

現実の佛教大学のクリニック・センターを支える有能な臨床心理士スタッフの適切な活用を含む教育体制の確立が望まれる。もっとも、こういうことは、あまりハデにこんなところで言わない方がよいようである。しかし、タイム・スケジュールに促迫されて、ついつい筆になった次第。ご寛容をお願いしたい。

（一九九八）

「臨床心理士」養成に資するクリニック・センターの課題〈その二〉

ちょうど一年前の、この巻頭言のコーナーで、標記のように、佛教大学臨床心理学研究センターの「臨床心理士」の養成に資するための課題について述べた。一年経って、改めて拙文を読み直して、どれだけ課題の達成が図られたか……。いささか不安がつのるばかりで、結局この課題の続編を認めることが、筆者の立場からの内的要請のように思え、敢えて「タイトル」に「その二」として、お目を汚すことになった。ご寛容願いたい。

そもそも巻頭言に、「その二」とつくところにいろいろの課題が内在することを示しているのだが、本クリニック活動も、一九九一年初代所長中島誠教授、二代目鵜飼信行教授を経て、三代目の筆者（一九九七・一〇〜）の十年目で、積年の願いであった大学附属機関としての臨床心理学教育の実践の場を提供する「クリニック・センター」として二〇〇〇年四月一日より再出発することになった。

過去一年間は、心理臨床活動の充実に即応して、いかに望ましい教育・研究体制を構築していくか、「巻頭言その一」(一九九八)のテーマを含むシステムづくりに腐心してきた。末尾にあげた(本書では省略)新生の「佛教大学臨床心理学研究センター規程」は、その成果の一つの枠組みである。平成十二(二〇〇〇)年一月一九日に大学評議会の承認を得た抜本的な改組、再出発の原点となるものである。

本「臨床心理学研究センター」は、本格的に、佛教大学大学院教育学研究科、生涯教育専攻、臨床心理コースに在籍する、いわゆる修士課程の大学院生の「臨床心理士」になるための基礎教育実習の場として位置づけられた。長年の心理クリニック活動の高い評価を得て、佛教大学大学院臨床心理コースが「臨床心理士」受験資格を取得するための修了後のインターン活動を求めない一種指定校になったことと表裏の関係にあることを示している。本年(二〇〇〇)四月一日開講の大学院臨床心理コースの新入生が、一〇名前後の入学定員に対し、一六〇名以上の応募者に及んだ事実をみるにつけ、この「臨床心理学研究センター」の社会的使命の重大さを痛感するのである。何事も最初が大切である。しかし、育ててきた従来の、とりわけ本センターの密度の高い専門的業務内容を維持しながら、どう寄与していくか、今後の一年は発車してからの課題だけに一層、心を痛めるテーマが多い。

＊

その一つが、従来より有料として、来談者に、いわゆる相談（面接・カウンセリング）料を求めてきたことである。ことに本クリニックは四〇〇〇〜六〇〇〇円の料金を求め、それなりの評価を得てきた。責任ある心理臨床援助の専門的対価として業界では当たり前の認識である。しかし、一方で、来談する方々の実際にかかわらせて頂いて、生きた学習をする院生実習生の立場に対し、その対象となる来談者の立場からは、必ずしも相談料が一〇〇％スムーズに支払われる心情になるとは限らないことがある。他の先行指定制大学院の附属クリニック施設では、有料であることから、従来からのクライエントが実習院生の陪席を拒否することがある報告もある。一方を立てると一方が立たない実に微妙なテーマが内在しているのである。

本センターの固有の問題としてではなく、実は今後の大学院生（臨床心理士候補生）の附属クリニック活動にコミットするあり方として解決しなければならないテーマなのである。心の支援をするための側面には、福祉的な課題が常に伴うことが多い。今日、日本の長寿社会や小児の死亡率の少なさ世界一をもたらした秘密の一つは、国民皆保険制度の徹底であった。近い将来「心の支援に伴う保険制度」がもし生まれるならば、この問題は相当に改善されよう。しかしそう簡単にいくテーマではない。ある大学院では援助者（担当臨床心理士）が来談を求めた場合には、大学院側でプールされている資金（相談料のストック化）から供出して、一般徴収と整合を計ることが試みられている。一つの参考となる方法かも知れない。

たまたま、本誌（佛教大学臨床心理学研究センター紀要）の投稿論文で阿部一美氏が「治療費について」論じている。もっぱら精神分析的立場からの支払いによる肯定的側面に限って述べられているが、こうした問題を考える場合の基本的な内容である。参考にされたいと思う。

さらに、心を痛めることは、本臨床心理学研究センターの全スタッフは、本年四月一日より大学院担当の専任教員、および教育学部臨床心理学科の専任教員に発令されることである。本臨床心理学研究センターへのコミットは末尾規程第六条にも示されているように、兼任の「研究員」としてかかわることになる。自らの臨床の場とすると同時に、院生のスーパーヴァイザーの役割が要請される。これらのいわば三役、四役にも及ぶ役割活動が、どれだけ適正かつ統合的に行なわれるのか頭の痛い課題なのである。

本臨床心理学研究センターの運営を適正に行なうために「臨床心理学研究センター委員会」が

四月一日より作業がすすめられる。従来の専任研究員（専任教員）の役割を充分に補完するために、「臨床心理士有資格者としての契約専門職員」がこれらの委員会の検討を得て新しく七名近く任用される予定である。これらの方々が、一般外来のクライエントの支援に中心的役割を演じて頂くと同時に、非常勤講師の発令によって、院生の臨床心理実習にスーパーヴァイザー的指導をお願いすることにもなっている。

これらの問題も、料金問題と同様に、何も佛教大学固有のことではない。臨床教育、臨床実践を伴う高等教育・研究機関の宿命のような課題である。どう解決するか。もとより当事者の旧倍の努力が実を結ぶことを信じたい。しかし、関連機関の関係者のご理解、お力添えがなくては道は開かれるものではない。十年間の本センターの衣替えのエポックに際し、今日までのご支援に感謝しつつ、改めてお力添えをお願いする次第である。

（一九九九）

臨床心理学研究センターの再出発に寄せて
――新しい心の科学の現状から

臨床心理士を養成するための、いわゆる指定大学院として佛教大学は第一種に認可され、平成十二年（二〇〇〇）四月から院生を迎え今日に至っている。とくに平成十四年（二〇〇二）四月一日からは指定時の教育学研究科　生涯教育専攻　臨床心理コースから、臨床心理学専攻に分化独立し、その専門教育体制を一層明確化することになった。当附属臨床心理学研究センターも一種指定校にふさわしい附属実践訓練機関として、更なる発展が期待されるのである。

本誌紀要も、従来の『臨床心理学研究センター紀要』から『臨床心理学研究紀要』として再出発することになった。いわば従来の心理臨床実践活動のレポート集(reports)にとどまらず、臨床心理学の専門教育と研究に資するための成果も、とり込んだ専門機関誌として、その発展を期待することになったのである。

＊

周知のように、臨床心理学の実践活動は世界で最初に始まったのがアメリカのペンシルヴァニア大学の心理学者ウィットマー（Witmer, L.: 1896）の創設した心理クリニック（psychological clinic）にあるといわれている。また臨床心理学が実践活動を保障する学的大系を構築するための最初の営みが始まったのは、アメリカの臨床心理士（professional psychologist）第一号がコネチカット州で誕生した一九四五年の四年後に開かれた、コロラド州ボルダー会議での提言「科学者－実践家」モデル（scientist-practitioner model）にある。たまたま、このことについては本誌（『佛教大学臨床心理学研究紀要』）三～一〇頁に本学の宮下照子教授が詳しく述べておられるので、その主旨（内容）はゆずることにするが、今日のわが国での臨床心理士養成にあって、この「科学者－実践家」モデルの正統性は十分に尊重されるべきものをもっている。しかし心の科学としての臨床心理学が、単にこの文脈のみによって完結するものでないことを充分に知らなければならない。

人（心）を対象とする臨床心理学は、古典的な精神物理学や狭義の行動科学のみによって律することは出来ない。新しい心脳学＝認知脳科学（cognitive brain science）の知見は、いろいろの新しいテーマを、われわれに提示している。筆者（二〇〇三）のいう、新しい「心の科学」としての臨床心理学の視座の強調が指摘されるのである。もとより心が脳細胞（neuron）に影響を与えるのか、それともニューロンが心のすべてを生み出させているのか、まだまだ不確かなことが多すぎる。しかし脳細胞－クオリア（quolia：質感）－心（自分が自分であることの認識と、それらの体験に由来する固有な独自の心の世界：self-consciousness and cosmology）の三者関係にみるテーマは注目される。いわゆる「クオリア」に込められた昨今のトピックスである。波長に対応した「赤」の色感覚ではなく、茂木（二〇〇一）のいう志向性（身体イメージ、言葉の意味、時の流れの感覚、空間の広がり、自己の感覚、運動感覚等を意味するもの）をふまえた質感である。これは従来の定量的な変数では把え難いものである。まさに心の科学の対象となる心の世界そのものといえよう。

しかし、よく考えてみると、これは筆者の不勉強のなせるわざかも知れないが、この「クオリア」は、その提言者たちは別にして、日本の実験派か実証派か定かでないが、いわゆる正統心理学をもって認ずる方々が、日本の実践派的な臨床心理学者たちを単純に批判してはばからない「認知心理学」のいう「認知」と、どれほど差があるのか、いささかとまどうのである。

認知パラダイムに関して、アメリカの臨床心理学者たちは、認知（cognition）とは、知覚（perceiving）、認識（recognizing）、理解（conceiving）、判断（judging）、推論（reasoning）といった、さまざまな知的過程の総称であるという。認知パラダイムは生体が現場からの刺激を有効な情報に変換することによって、自身に意味あるものにしていく過程という（Davison & Neale：一九九四、村瀬孝雄監訳）。この過程が、いわゆるスキーマ（schema）といわれるもので、その曖昧さは、つとに臨床家の批判ともなっているが、本来、認知スキーマとは、その本質は茂木のいう志向性も暗にとり込んでいるのではあるまいか……。従来型の定量的把握の困難性を示唆しているのではなかろうか。

いずれにしろ、科学モデルが、すべて旧来型の認知科学によって律するものでないことは明らかである。すくなくとも、悩む人を前にしての心理臨床家（臨床心理士）は、人（心理臨床家）が人（クライエント）にかかわって、人（クライエント）に影響を与える営みに関する実践家でなければならない。これらを今日的に高度専門職業人として、その専門性に、われわれは腐心しなければならないが、上にみてきた科学者－実践家モデルの古典的な限界性と、新しい心の科学への視座への挑戦に向けて努力しなければならない。

恐らく、すぐれた事例研究に展開する発表と傾聴と討論は、「クオリア」を刺激しつづける世界ではあるまいか。事例研究にみる実証性は、現段階では古典的な主観的客観性にとどまるケースの感動観や共感性にあるのであろうが、近い将来、心理臨床の実践教育システムが、心の科学として、いわれのない批判は別にして臨床心理学大系の中核を形成することを期待させるのである。そのためにも、本附属臨床心理学研究センターの諸活動が斯界の基本モデルとして充実発展していくことを願わずにはおれない。当研究所員はもとより、関係スタッフ各位の改めての質の高い事例研究への研鑽と精進を強く望むものである。行動療法的アプローチも、認知行動療法の成果についても、どの附属研究・訓練機関よりも、真摯なカンファレンスの素材にしていかなければならないことは、いうまでもない。新しい心の科学のパラダイムは、単なる旧態の排除によって成立するものではない。具体的に、そのことは生理（Bio-Physiological）－心理（Psychological）－社会（Sociological）の三つの視座から、上述した伝統約な科学者－実践家モデルをふまえて、新しい心の科学の実践家＝臨床心理士を育成するところにあるといえよう。

本学の大学院修士課程、臨床心理学専攻の編成に腐心した文部科学省への許認可申請の内容となった組織は、「力動臨床心理学」「行動臨床心理学」「社会臨床心理学」の三つの講座的構成によっている。臨床心理学研究センターは、まさにこの三つの講座の実践の場として展開する。本誌はその成果のアリバイの場でありつづけなければならない。

【文献】

Davison, G. C. & Neale, J. M.（1994）：*Abnormal Psychology*. 6th. 村瀬孝雄監訳（一九九八）『異常心理学』誠信書房
茂木健一郎（二〇〇一）：主観と客観を因果性で結ぶ『臨床精神医学』三〇－一、一三－一六
大塚義孝（二〇〇四）：『臨床心理学の成立と展開』（「臨床心理学全書」第一巻）誠信書房

（二〇〇二）

臨床心理学の独自性

独自性とは、他の類似現象から特化される特徴のなかに明らかにすることのできる性質、とでもいえようか。

ここ三十年余の筆者の学問的当為として臨床心理学の固有な学問的特徴を明確化することは、この学問が一般社会生活のなかで、それなりの有用性、活用化が求められる状況から、必然的に求められてきたテーマである。とくに、その実践性というものを、逆に自己アッピールするための思考の営みから、臨床心理学の独自性を、どう明確化するかは、焦眉の課題として筆者の思いをつのらせてきた。最近ものすことになった臨床心理士養成のための大学院指定コースに課せられているカリキュラムに関するテキスト全十三巻の「臨床心理学全書」（誠信書房：二〇〇三〜

二〇〇五）の監修・編著を担当することになり、この「臨床心理学の独自性」についても、何かと考えさせられるものがあった。いわば本稿は、この論考の落穂拾いのような小論になりそうであるが、臨床心理学の独自性とは、

一、臨床心理学の固有な対象とは何か。
二、実践科学としての特徴は何処にあるのか。
三、固有な専門性とは何か。
四、多面的な知識の体系とは。
五、社会・文化的拘束性の特徴とは。

の五つの側面から論じたものである。

もとより、ここで再録することではない。五つの特徴をふまえながら、とくに、第三にあげた、臨床心理学における専門性について改めて考えてみたいと思うのである。

第一にあげる学の固有な対象とは、「臨床心理学」の「臨床」(clinical) に、そのすべてが込めて把えられている。つまり、生身《なまみ》の個別的な人その人である。しかも「心を病む人」で、対象化された人ではない。「心理臨床」として把えられる「臨床」の意味である。抽象化した、普遍化した、一般化した、身体化した人を対象としていない。

第二は、「臨床」として、心理臨床家（臨床心理士）の前に立ち現れる「病む人」の主体的な改善に寄与しようとする、すぐれて実効性、人間関係性をもった実践行為に直結した専門的技法の開発と適用についての営みである。

第三は、臨床心理査定、臨床心理面接（心理療法・カウンセリング）、臨床心理的地域援助、およびこの三種に関する調査・研究・発表についての専門的行為に関するものである。

第四は、いわゆる学問体系にかかわるパラダイムが、他の人間に関する実践科学に比して多種多様であるところに、その独自性があるようだ。生理（Bio）－心理（Psycho）－社会（Socio）モデル等は、アメリカアカデミック臨床心理学の基本パラダイムであるが、心理モデルにみる精神測定的アプローチ、力動心理学的モデル、行動学的パラダイム、生態学的パラダイム、発達学的アプローチ等は、その切り口をふまえて、どう統合的に人間理解を臨床的に（生身にかかわって）明確化するかにあるようだ。

第五の独自性は、臨床心理学が固有な文化や社会の拘束性の認識を無視しては把え切れないことである。臨床心理士のメインの活動領域にみるスクールカウンセラーにとって、今日「不登校」といわれる現象にしても、学校恐怖症→登校拒否→不登校→学校ぎらい→ひきこもり、となって、その相貌は、学校システムと制度や家族構造の時代的文化の特徴を無視して理解することはできない。

ところで、第三にあげた固有な専門性とは、臨床心理学の独自性をもっとも明確化させるものであるが、査定（assessment）、面接（interview）、地域援助（community helping）と、これらに関連する研究（research）である。とくに査定については、診断（diagnosis）からの脱皮こそ、心理臨床の、もっとも明確化される側面である。臨床心理学の発展の歴史から見てみても、医学に寄与（補助作業として）する心理診断の古き時代の営みがあった。著者などは、この心理診断に、ロールシャッハ・テストを通じて、ソンディ・テストを通じて、どう有効な診断的示唆を与えることが出来るかに腐心したものである。しかし、今日、診断から査定へと変貌した。つまり、査定に通底するカウンセリングや心理療法のイン・テーク段階等で求められる「見立て」概念を経て、明確化されつつある心理査定技法（心理テスト法）や直接面接過程で、導き出される査定である。

すなわち「査定」とは、対象者（クライエント）の固有な人間像［人格・知性・感情等］の特徴をどう理解するかにある。診断は、診断者側に用意された正常・異常モデルからみて、どう判別されるかにある。査定にみる関係学としての評価、診断にみる鑑別としての評価とはすこぶる異なることを知らなければならない。いわば医学モデルの診断等からの脱皮にこそ心理臨床学の査定に込められた特徴がある。臨床心理学にとって異常心理学が基礎学の重要な一部ではある。しかし不可分、表裏の関係とはいえないのである。

次に面接である。これは恐らく心理臨床にとって、もっとも中心となる専門的実践行為である。従来より心理療法(psycho-therapy)とも、カウンセリング(counseling)とも、いわれてきた。心理臨床家がクライエントの訴えに、どう資するかのメインの課題である。広く今日では、これらの専門的営みは、クライエントや、特定集団(学校のクラスや職場等)への心理的援助活動として特化されている。もっとも核となるクライエントとの直接対話による関係性に内在するプロセスとその意味づけである。

つまり、面接などは、何も臨床心理学の専門家(臨床心理士)でなくても、誰でもできる。〝あまり大げさに言わないで下さい〟といわれそうであるが、実はその点が誰でも気安くできそうでできない行為なのである。一口で言えば、面接や相談に展開する垂直的関係から水平的関係において、対話が展開するところにある。この手法の原点は、フロイト(Freud, S.)の発明した精神分析技法としての自由連想法にあったことは、あまりにも有名である。自由とは、医師と患者の縦関係からの脱却を意味する。もっと実感的にいえば、問いかけるのではなく(問診するのではなく)、「この専門家(臨床心理士)は私のことを、何とか受けとめて、聴いてくれそうだなあ……」とクライエントが思うようになることである。クライエント本人の方が主役なのである。主体なのである。

臨床心理士の面接試験で、これに関連する問いかけに対して、受験生が「…はい、面接はクライエントに寄り添うことです」と皆が答えるので……と頭にきている面接官がおられたが、気持ちはわからないでもない。しかしもう少し角度を変えた質問で、十把一絡げにならないようにしたいものである。

余談はともかく、固有な面接技法は、そのプロセスで、一つとして同じ過程をとることはない。展開のスピードの遅速はもとより、深まりの程度も区々として定まらない。沈黙と多弁の織りなす揺らぎもまた様々である。いわば、話の内容も、ひろがりも、停滞もすべて、傾聴につとめこそすれ、われわれ面接を担当する者の側に主体があるのではない。げに専門的面接と一般人の面接とは根本的に異なっているところである。しかもこのことは、いわゆる学派や、クライエントへの接近技法が異なっていても、その根底は共通するところにも、面接に特化される専門的技法の特筆される独自性があるのである。成瀬の開発した動作法であっても、そのアプローチに内在するセンスは、通底するのである。医学パラダイムにみる他者治療と、動作法にみる自己治療への視座は、このことを示唆している。

ところで、こうした面接に込められる専門性は、別のいい方をするならば「人（臨床心理士）が人（クライエント）にかかわって人（クライエント）に影響を与える営みである」といえる。つまりクライエントの主体を尊重する基本的独自性をもつ姿は、そのようにクライエントを誘う専門的作業である。しかし、この相手に影響を与える専門家は、何も臨床心理士のみに限っていない。学校の教師も病院の医師も、人（教師・医師）が人（生徒・患者）にかかわって、人（生徒・患者）に影響（育成・健康回復）を与えているからである。ところが面白いことに、教師は影響を与えようとしている対象（子ども）を立派な国民や市民に育成するためのモデルに近づけることをもってよしとしている。医師もまた健常モデルに近づけることをもって影響像を特定している。臨床心理士は人が人にかかわって、人を変化させよう（影響を与えよう）と努力する。しかしそれは、臨床心理士（援助者）が特化したモデルに近づけようとは夢にも思っていない。クライエントが自身で創出する姿への援助なのである。実際の生理的アンバランスから病む姿も、創造的病（creative illness）であり、創造的退行（creative regression）と理解する文脈である。こうしたスタンスから、それこそ創出されてくる心理臨床の果実であり、独自性といえる。

臨床心理学に近接する医学や福祉等の実践活動は、その基本像では、ネガティブな病む人々への援助活動にかかわる医師であり看護師であり福祉士である。その専門性と境界性を一般化すると次のようになることも、この際示しておこう。

医学（医師）は：処置（treatment）→治療（therapy）→心理臨床（臨床心理士）は：面接（interview）→介入（intervention）→福祉学（福祉士）は：援助（helping）→介護（care）である。「治療」は医学と臨床心理学との境界的領域である。「介入」は臨床心理学と福祉学の境界領域である。明確な独自性を通じた、これらの境界性の認識は、他専門領域との協働（collaboration）作業も期待できることに留意したいものである。

（二〇〇四）

臨床心理士養成に思うこと

臨床心理士は、今日高度専門職業心理士（professional psychologist）として世界的にも、その専門職能性が認知されつつある。とくに臨床心理士の養成は、アメリカにおける博士学位課程をはじめ、先進諸国の基本モデルは修士学位課程の修了を一般としている。わが国の場合は、本学（帝塚山学院大学）の指定大学院臨床心理学コース（修士課程）で専門教育がなされているように、すでに十年目に入ろうとしている財団法人日本臨床心理士資格認定協会の実施する、いわゆる指定大学院制度に従っている。

加えて平成十五（二〇〇三）年四月からは、学校教育法の一部改正による、いわゆる専門職大学院の開設が実施されることになった。ロー・スクールの呼称で知られる臨床心理士養成版の専門職大学院である。実際に平成十七年四月より院生を迎え臨床心理士養成をはじめられた文部科学省認可第一号の九州大学大学院人間環境学府、実践臨床心理学専攻が誕生することになったことも注目される。

基本的に専門職大学の創設は高度専門職業人（professional）の養成機関を制度的にも、実践的にも整備し、これを国の意志で保証・養成していこうとする意味をもっている。帝塚山学院大学大学院においても、こうした九州大学大学院の先駆的な専門職大学院の創設の事実を充分に考慮しながら近未来に、臨床心理士の的確で有能な専門職能性をいかに獲得させていくか……。指定大学院の適正な運用と発展の流れと、どう関係するのか…。焦眉の課題のようにも考えられる。すでに九州大学大学院の場合、三〇人の一回生院生が、多面的なカリキュラムの展開によって、その高度専門職業心理士としての教育・訓練を行っている。当分の間は、指定大学院コースと専門職大学院コースが並列して展開されることになっているが、いずれ専門職コースに収れんされていくことが見込まれている。

ところでこれらに関する制度技術的な問題は少し別項において、重要なことは、現在の指定大学院養成制度で一三六校の指定校が誕生し、さまざまの地域になじんだ側面もとり込みながら、臨床心理士育成に担当教員をはじめ関係者の大変な努力が重ねられていることである。とりわけ、その実体をかえりみればみるほど、専門職大学院と、どこが異なるのか、どこが同じであるのか。一方は法律にもとづく専門職養成に焦点化されている修士専門職学位課程である。しかし指定大学院の方は、従来（学校教育法第六五条第一項にもとづく修士学位課程）の体制での専門職的教育を行なっていること。つまり従来の体制を生かしながら、専門職にふさわしい実力を育むための実習教育を強く求めていることである。しかも修士論文の提出を前提とするカリキュラムとなっている。古典的な大学院のイメージとしての研究者養成として修士論文の提出を義務づけていることである。

専門職大学院では必ずしも従来型の修士論文を求めず、もっぱら実践力養成に焦点づけて、二年間に三〇単位とするのに対して四〇〜五〇単位の履修が期待されている。日本の一般の学部における医学教育が、六年間を旨とし、卒業論文提出も求めていない実状と酷似している。

修士論文の提出是非が両コース（従来型と専門職型）のメリット・デメリットの一つのポイントとなっている。まだまだ大学院での教育・訓練のあり方について未経験なことが多いだけに、一挙に結論を急ぐ必要はない。しかし、例えば九州大学専門職大学院の先生方の見解では、修士論文に準じた学位課程修了に不可欠な修了事例研究レポートの提出を必須とすることを強調されている。この姿勢は、両コースの特徴をふまえての現段階での妥当な基準のようにも思われる。むしろここで留意したいことは、従来コースであろうと専門職コースであろうと臨床心理実習とその実習体験を個々の院生に血肉化させるケースの担当頻度を上げること、および〝ケースカンファレンス〟を如何に充実するかにある。

指定大学院で求められる二年間の臨床心理基礎実習と、ケース体験を前提とする臨床心理実習は各二単位、各週六時間である。しかし実際には、当該臨床心理コース（講座）所属スタッフ（専任教員、附属クリニック担当CCP等）の全員出席を旨とする。かつ、一回生院生も原則参加とする。二回生院生全員参加の毎週二〜三時間を前提にカンファレンスをインテンシブに開くことである。この基本モデルに関連して、帝塚山学院大学の場合、その大学院臨床心理学コースで実施されている実状は、全国的な類似コースの実状を知るにつけ、相当に水準の高い、実効性のある、実習体験とケースカンファレンスの展開と評価できるのではないかと思う。いささか身贔屓を差し引いても注目されるのである。

関連学会で、いわゆる事例研究（case study）を発表するが、それにかかわる座長、コメンテーター、フロアーの聴取者が一体となって、発表そのものの内容を豊かにさせ、発表者の自験例に対する客観化と、援助者としての主体化の明確化を図らさせる効果は、知る人ぞ知る体験である。しかも、その体験は心理臨床におけるエビデンス化にも通ずる体験へと導くのである。そして、このことを担保する条件は、実は学派の類似性とか、類似体験から招来させる共感の共鳴現象ではなく、心理臨床（専門的面接・援助行為）に内在する学派的認識を超越した基本的、普遍的、本質的ともいえる通底的同感を催させるものが内在しているものである。学会での条件のそろった発表は、そうざらにあるものではない。筆者のいう朝顔日記に似たようなセンスのない事例研究発表は、睡魔に舟を漕ぎ兼ねない。しかし、コメンテーターの含蓄ある切り口と適切な評価がなされたとき、そのセンスのない駄文であったような陳述が、目が覚めたようにフロアー（聴衆者）の人々をよみがえらせる。そのコメンテーターに触発されて、第二の俄かコメンテーターが、発言されて、一層、その事例の援助への視座を確かにさせることもある。このプロセスは発表者のタヨリなさをも払拭させていくから妙である。心理臨床における一種の知的快感（醍醐味）とでもいえそうな体現を聴衆に与えるものである。筆者はセンスのあるコメンテーターは、発表という名の未踏の砂山に磁石を差し込み、ただの砂山から砂鉄を無数に吸引させて、とり出す人であると言っている。げに、臨床心理士の養成を旨とする指定大学院での臨床心理実習を院生に血肉化させるものは、ケース・カンファレンスの展開にあって、この学会発表の縮図とまではいわないが、そこに内在する微妙なセンスと役割を十分に兼ね備えた指導教授や専門スタッフのかかわりによって、無数の砂鉄を吸引させて、参加院生に示す能力を強く求められるのである。

全国一三六校の指定大学院の実習教員と、継続的な全スタッフと院生の参加するケース・カンファレンスが、どれだけ砂鉄を吸い出す磁石を持ったスタッフによって構成されているか……。臨床心理士養成の指定大学院に特化して求められることを強調したいと思うのである。幸い本帝塚山学院大学のスタッフが、この強力モデルに限りなく近い実態に近づきつつあるといえそうなのは、筆者の立場にとってもとても嬉しいことである。

＊

臨床心理士養成に資そうとする指定大学院にとって死命を制するというと、少しオーバーであるが、縁あって本学の大学院研究科長になっての養成の日々は、事例研究会の充実こそがアルファーでありオメガーであることを痛感させる。折から本小論が公刊されるころ、平成一八年四月一日施行を旨とする「臨床心理士の資格制度に関する法律」（いわゆる臨床心理士の国家資格化）が成立している可能性もある。しかしこのケース・カンファレンスの重要不可欠なことは、いささかも変わらない。銘記したいと思う。

関係各位の更なるご理解とご協力により、帝塚山学院大学大学院臨床心理学コースの一層の発展を期待したい。

（二〇〇五）

臨床心理学の研究と公表で思うこと

臨床心理学の学問的独自性を保証するものは、その実践的有用性を担保するところにある。またその有用性を担保するものは、筆者が臨床心理士資格審査規定第七条をふまえて、つとに強調している、臨床心理査定、臨床心理面接（援助）、臨床心理的地域援助の三つの専門的実践力を自からのものにすることである。加えて、この実践力を、絶えることなく保証していく、これら三つの専門行為の妥当性と有効性をめぐって、さまざまの心理学的手法を適用して明らかにする研究活動（行為）にある。いわゆるエビデンス・ベイスト（evidence-based）アプローチであったり、ナラティヴ・ベイスト（narrative-based）アプローチであったりするわけだが、それらの手法を用いて、調査・研究し、これを共通の知見（証拠）として適正に公表（発表）し、同学や同業の専門家に共有される臨床心理学の成果と活用に資そうとするのである。

日本心理臨床学会が誕生し、その公的学会の研究成果を公表してきた、もっともフォーマルなものの一つは、いわゆる学会機関誌（心理臨床学研究：*Journal of Japanese Clinical Psychology*）といえるだろう。ささやかな、帝塚山学院大学人間科学研究科の臨床心理学コースの研究や勉強の果実のアリバイを公表するのも、本誌『心理教育相談センター紀要』である。

たまたま、この学会機関誌は、その草創の二十五年前から、深くかかわるようになり、現在も編集委員会の末席を汚している。そういえば、本学の附属心理教育相談センター長の氏原寛教授も草創の二十五年前からお力添えをずっと得てきた、編集委員会の重鎮である。お互いに感じていることだと思うが、今日のように、ある意味で大発展してきた臨床心理学にとって、研究成果の真実と、その公表は、どうあるべきか……。年三百編以上の心を病む人達の貴重な事例研究や基礎的研究の投稿論文の評価は、ここ四～五年臨床心理学の充実（?）に比例するがごとく、この学問の公共性や、クライエントの固有な尊厳性等をどう担保しつつ、臨床心理学の正当な、「心の科学」としての真実性を構築していくべきか……。苦慮すること一再ならずあるのである。

初歩的な新入院生の、インテーク面接やケース・カンファレンスのかかわりに際しての心得として、クライエントの尊厳性をどう保護するのか、今日では、どの指定大学院でもほぼ定式化されて、守られていることは、一応、この学問の社会化の一端を示しているといえよう。しかし、さらなる本格的発展に資するためにはその公表の内実が、単に、山田太郎さんをYさんと書き換え、谷川中学校の数学の先生であるのがT校の理科系の教師とすることで、かたづくものかどうか……。論文の最後まで、女の先生か男の先生なのか不明のままで終わる変な主張を見る投稿もある。見事な印刷技術は、箱庭療法の作品例をカラフルに上梓するようになった。投稿者の主張の、貴重な資料の呈示として、読者の勉強には、相当な有効性を発揮する。しかし、この箱庭作品の上梓についてクライエントの同意が不可欠であるというような主張が出てくると、現段階の編集委員会は、意見が分かれる。最終的には、投稿原稿毎に判別するというのが目下の王道である。筆者の見解は、この個別判断が、現段階では、もっとも穏当と思っている。恐らく心理臨床学における研究成果、ことに事例研究の報告(公開)は、基本的に、個別性を旨とするが故に、事例研究なのである。個別的な判断こそ、その公共化の基本的公理であると認識すべきではないだろうか……。現段階での経過的認識としての穏当の意味ではなく、この認識は妥当であるといった方がよいかも知れない。

臨床心理学の実践活動は、クライエントと臨床心理士の人間関係のプロセスである。しかもそのプロセスは、治療同盟（therapeutic alliance）であったり、関与的観察（participant observation）

をもって旨とする。筆者のいう二人称的かかわりである。貴方は私、私は貴方といった一人称的関係でも、貴方は対象化され、物化された三人称的関係でもないからである。

公表は、面接（治療）関係の終了をもって旨としようとも、人間関係学でもある臨床心理学は、死してもなお影響を及ぼしかねない人間の科学の宿命的なものがある。少なくとも事例研究の公表判断は、本人の記述の個から普遍に至る（帰納法的）公表的価値の評価を前提に、自動的に対象クライエントの了承をふまえるという直線的認識ではなく、ある場合には了承を前提としない公表もあり得る個別的判断もあってよいのではないかと思う。

医学における事例（症例）研究にあっては、近接する精神医学領域の問題は少し横において、その公表は、相当に緊張をやわらげるようである。AさんからEさんまでの胸部悪性腫瘍（肺ガン）のレントゲン写真を見事な印刷技術をもって上梓しても、まずご本人から何の反応もないであろう。一種の昇華形態として公開されているからである。ナラティブ・アプローチとしての体験的バージョンでないからである。エビデンス・アプローチの一種とも見倣される科学的（十九世紀的）バージョン（version）、であるからである。

〝太陽は東から昇る〟とは、Gergen, K.J. の言葉を引用して、筆者のつとに主張する、われわれ人間の大真理である。体験的バージョンである。「太陽の回りを回っているのが地球である」

とは科学的バージョンである。エビデンス・ベイストアプローチが、体験的バージョンと、どう統合されるのか……。基本的に水と油の関係といった断絶的な認識は、恐らく基本的に人間の認識的誤謬というべきだろう。両バージョンの、いずれかの投稿論文に、短絡的な個人の尊厳を前面に出して措置しても、恐らく、その営みは、この学問の未熟性のアリバイをあらわにするにとどまるだけだろう。むしろ、物質科学から、精神物理学から、人間科学へと展開されるプロセスのトップの末席ぐらいにあることの認識を通じ、「こころ現象」に「まなこを開く」ことが今日、もっとも求められているセンスのようにも考えられる。エビデンス・アプローチとナラティブ・アプローチの統合といったものでなく、恐らく、この両アプローチの補完的な関係に気付くプロセスからの人間の知への洞察のように思われる。「ニューロン」と「こころ」の小論（大塚二〇〇四）は、その序章のまた序章のような見解である。心理臨床の研究と公表の問題に寄せる筆者の背景的スタンスでもある。家族システム論的治療学に多くの影響を与えたベルタランフィ（von Bertalanffy, L. 1968）の提唱する科学を統一的に理解しようとする一般システム理論もまた示唆に富む。無生物（C、H、O、Na、Ca、Mg、Fe、Zn……）→生物→こころ→社会（二人以上の人間関係の場）の文脈は、その開放システムとして理解するとき、円環的認識が浮上し心理臨床研究に限りない勇気を与える。と同時に万物・世界、この世の不可思議の深淵におののきをおぼえて立ち止まってしまうようでもある。

【文献】

Bertalanffy, L. (1968) : *General Systems Therapy.* George Braziller.
Gergen, K. J.(1985) : The social constructionist movement in modern psycholosy. *American Psychologist,* 40, 266-275.
大塚義孝（二〇〇四）：『臨床心理学原論』（「臨床心理学全書」第一巻）、一八−二二頁、誠信書房

（二〇〇六）

臨床心理学コースから臨床心理学専攻へ

帝塚山学院大学大学院　人間科学研究科人間科学専攻　臨床心理学コースという組織に帰属して頑張っている教職員や院生達の実践的学習の成果を公開し、寄稿者自身の資質の向上や専攻コース組織そのものの充実・発展に寄与しようとしているのが本誌『心理教育相談センター紀要』といえましょう。本号で第四冊目の公刊です。年報的な、年に一度の公刊ですが、本号より、その発行母体が、本小論のテーマである「臨床心理学コース」から「臨床心理学専攻」に変わっての公刊となります。現象上、看板だけを塗り替えたような受けとめ方もありますが、実態は、ボディ・ブローが次第に効果を表わすように、院生はもとより関係所属教員や関係者に変貌をもたらす今回の改変ではないかと思います。

本誌も、人間科学専攻の臨床心理学コースに関連した附属「心理教育相談センター」の研究紀要であったものが、人間科学専攻の帰属から独立して、臨床心理学専攻の附属「心理教育相談センター」の研究紀要となったといえましょう。しかし、この変容は、昨年（二〇〇六）六月に文部科学省に申請し、平成十八年十一月三十日付で許認可を得て、平成十九年（二〇〇七）四月一日より発足することになった帝塚山学院大学大学院 人間学科研究科 臨床心理学専攻（専門職学位課程）となってのものです。いわゆる学校教育法第六五条の第二項に認められている「専門職大学院」の「臨床心理学専攻」（臨床心理修士・専門職）として新しく発足することになったのです。自動的に「心理教育相談センター」もその研究紀要も「臨床心理学専攻」に附属するものとして機能し、展開されることになったわけです。

従来の、つまり臨床心理士養成に関する一種指定大学院の組織は、本大学院では周知の人間科学専攻「臨床心理学コース」の呼称によるところのものです。

平成二十年（二〇〇八）三月まで、現二回生の教育・訓練を担保する組織として、専門職課程（臨床心理学専攻）と並行して開講されることになります。経過措置による二種類の養成課程が現存することになるわけですが、両者に所属する院生諸君や諸姉に不都合があってはならないことはいうまでもありません。

ところで新しく展開しつつある専門職課程は、二年間の修士課程で本学の場合、従来の二六単位以上の指定に関する臨床心理学に関連する授業科目に加え、臨床心理学に関する修士論文の提出があります。これに対し二年間に五十単位以上の専門教育カリキュラムの修得が求められています。従来の修士論文の提出を必須としない代わりに、二年生時に、事例のインテンシブな臨床実践学習を総括するレポートの提出を求めることになったわけです。おそらく、本誌『心理教育センター紀要』の実質的寄与は、この総括レポートの習作の場であり、専門職過程修了をエポックメイキングする発表の場となることが期待されます。実際、文部科学省での専門職大学院としての附属施設のさまざまの実際的役割機能の説明で、このことが強調されたものです。明年(二〇〇八)八月に公刊をみる本誌の内容に、このことの具体化が展開することになるでしょう。期して待ちたいものです。

専門職大学院には、いろいろの期待と、そうでもないさめた評価が錯綜したものです。しかし、少なくとも、この心理臨床の領域では、法学系の大騒動が一段落してからの作業であっただけに、むしろ健全で平静なスタンスからの申請に終始するものであったといえそうです。

平成十六年度(二〇〇四)に、臨床心理学領域の第一号の専門職大学院となった「九州大学大学院人間環境学府 実践臨床心理学専攻」をはじめ、本学帝塚山学院大学の専門職大学院とともに第二号（第二回目）として同時に誕生した専門職大学院は、鹿児島大学大学院臨床心理学研究科臨床心理学専攻と広島国際大学大学院 総合人間科学研究科 臨床心理学専攻の二校。都合、本学を加え四大学院が臨床心理士養成を「専門職学位課程」の具体像としてインテンシブな専門職教育をすすめている状況となったわけです。

指定大学院一五六校に対し、四校の専門職大学院は、いま始まったばかりといえましょうが、この四校のなかに帝塚山学院大学が入っていることは帝塚山学院大学が置かれた今日の別途に厳しい状況があるにもかかわらず、特記されるポジティブな意味を有していると考えられます。実際に関西地区（奈良、和歌山、大阪、兵庫、京都、滋賀）で三十六校を数える指定大学院のうち、本校だけが、この四月より専門職学位課程（専門職大学院）として発足した意義は看過できません。

こうした地域的好条件を、一層に促進させるものは、本誌紀要にみる、院生の積極的な関与と寄稿に加え、これらの成果を導き出す実際的背景ともなっている毎週開かれる全教員スタッフの出席と院生全員の参加によるケース・カンファレンスの勉強会でありましょう。活発なディスカッション、さまざまな切り口をもったコメントの噴出とその交流は、たくまずして院生達を心理臨床の醍醐味の片鱗か一片の「におい」をかぐ契機を与えずにはおかない貴重な時間といえましょう。

加えて専門職大学院に求められたものは、実務家教員の配置です。弁護士養成に法律の専門家に加えての弁護士業務の実務に明るい専門家が求められました。医学における山のような研究論文より、確かな当該臨床領域に腕の立つ臨床医が求められるように、臨床心理学の専門職学位課程には、臨床心理面接(カウンセリング)や、臨床心理学的地域援助実務の確かな実践力を有する専門家の就任が求められました。本学では、こども心身医療施設や母子保険総合医療センター等、さまざまの心理臨床実践に経験を深められてきた大堀彰子先生や川野由子先生を、それぞれ専門職学位課程担当の「教授」および「講師」としてお迎えし、その実務指導のエキスパートとしてのご尽力を頂くことになりました。

臨床心理学コースから臨床心理学専攻への変換は、コース時代の、リーダーでもあった氏原寛教授の引き続いてのご担当です。専攻主任として、その卓越した実践指導力の改めての発揮をお願いしてのものです。事例を如何に適切にとぎれることなく、かつ多様な体験をさせていくか。院生の実践教育に寄せられる先生の思いは、専門職学位課程になって一層促進されようとしています。氏原先生にして、はじめて可能な、その傾注される専門職学位課程構築へのエネルギーとセンスといえましょう。

専門職大学院として発足するに際しての、いささかの紹介と課題めいた雑言を述べました。しかし、この専門職大学院誕生に至る帝塚山学院の、人のご縁をここで少し語らさせて頂く勝手をお許し願いたいと思います。

＊

氏原先生も小生も、共に同じ世代の仲間として、しかし少し先輩として、河合隼雄先生が、この業界である臨床心理学の創出と発展に大変なご尽力を注がれました。とりわけ、帝塚山学院大学大学院でも臨床心理学コースの創設に際し、氏原先生に寄せられる河合先生の全面的なバック・アップ。そしてその流れの一環として、小生が河合先生の慫慂《しょうよう》もあって帝塚山学院大学にお世話になることになりました。恒例の帝塚山学院大学「公開カウンセリング講座」も河合先生のメイン・スピーチを核とする注目の夏のプログラムに発展しつつありました。

しかし、この巻頭言をしたためようとしたとき、昨夏から入院加療中であった河合先生のご逝去の報（平成十九年七月十八日午後二時二十分）に接し、しばし絶句しました。しかし今日の帝塚山学院大学と河合先生とのご縁を改めて想起させ、帝塚山学院大学の名において河合先生のご功績に感謝し、ご冥福をお祈りしたいと思うのです。

（二〇〇七）

第2部

こころの時代の閑話休題

想起は創造

皆さんは、このお正月をいかがお過ごしでしたか。不況の深刻さに、冷めきった屠蘇《とそ》を浴びて、ぼやいた方も多かったのではないかと案じます。しかし、ここでは経済評論家のご託宣にあやかって、二年後の西暦二〇〇一年には、皆が笑顔で新年を迎えられるように祈念しましょう。二年後の正月には「苦しみもまた懐かしきかな……」と想《おも》い出せるようになりたいものです。

ところで、この「想い出す」ということについて、いつも気になっていることがあります。「記憶の再生」についてです。

ノイローゼに苦しむ患者さん（クライアント）のカウンセリングの過程で、しばしば幼児期などの親や近親者から、むごい仕打ちを受けた話をされることがあります。これは過去の秘めた心の傷（トラウマ）が想い出（再生）され、それを語ることによって心が癒《いや》されるメカニズムです。しかし、カウンセラーの対処の仕方に万一の手抜かりがあると、このトラウマの再生がクライアントを必要以上に不安におとしいれ、ある場合にはカウンセラーや加害者であった親や近親者を相手に訴訟を起こしたりします。アメリカのカウンセリング事情では、特に、その傾向が強く問題になるようです。

ところが、今日では人間が物事や事象をどのように知覚するかを研究する認知心理学や記憶心理学の成果によると、これらの過去の想起は単にビデオ・テープの再生のように、過去の出来事をそっくりそのまま記銘通りに復活させるものではないことが次第に明らかになりました。どうやら、われわれの「記憶」といっているものは、保持（いつまでも覚えていること）を前提とする再生機能ではないようなのです。記憶は、それが求められたり、想起される時、その時点での他者や状況との関係によって特徴づけられていることがわかってきたのです。想起の営みがなされる過程で、積極的なイメージ化や推測の繰り返しを重ねると、一種の「偽りの記憶」が生じるわけです。カウンセリングにおけるトラウマの再生が「偽りの記憶」に振り回される愚は避けなければなりません。

一方、たった一回の経験なのに、その後の想起で本人は覚えているという自覚もないのに正しく再生するプラミング効果という、ある種の潜在記憶のような現象も知られています。

仲間と一緒に事件のことを思い出す場合も、現場を再構成すると、それが想起にどんな影響を及ぼすのか……。「偽りの記憶」にならないように留意する必要があります。

「記憶」の重要な意味は、過去の出来事を再創造する意識行為であるとする考え方は示唆的です。げに「心の問題」はなかなかに広く深いもので、わからないことは深い森以上のようです。

（一九九九）

茶髪物語

人間には、基本的に黒、黄、白の三色の皮膚の色がある。どんな事情で三色に分化していったのか、つまびらかではない。髪の毛の色もおおざっぱに言えば、黒、茶と退化色としての白の三色がある。問題は黒髪と茶（金）髪である。

皮膚の色に加え、この髪の色はどういうことか、白人の茶（金）髪の方が黒髪よりも優越である、という近代の西洋文明の世界化で、人の心を複雑にしていったようだ。とくに日本人にとっては、「あこがれの茶髪」になってしまったようだ。

しかし、よくよく考えてみるとこんな茶髪の風俗は、つい最近までは、ひとにぎりの悪童どものシンボルみたいなもので、警察の少年係の世界だけの話であった。ところが昨今は普通の子まで、普通の大人までが茶髪に染めあげて闊歩《かっぽ》するから大変である。心の支援を専門にするスクールカウンセラー（学校臨床心理士）も、茶髪などは何のサインにもならない、「普通」の時代になってしまったのである。

ところで、日本人にとっては大昔から黒髪は当たり前の現象であった。茶髪は非行少年ではなく、大江山や伊吹山の鬼（山賊）の頭をいろどるだけであった。酒呑童子の絵巻や草双紙に描かれた茶髪や金色の縮れ毛の鬼は大変である。

千年前の話が、五十五年前の話になると、「鬼畜米英」となって、今日の「あこがれの茶髪」白人が、くそみそであるから、これまた大変である。

色の話は禁句かも知れない。

それはともかく、文化人類学者山口昌男氏の説によると、五十四年前に米英に占領され、米兵たちに、かしずいた女の人たちが日本茶髪風俗史の第一号ではないそうである。第一号が、ちゃんと明治の初めにおられた由《よし》である。

西洋かぶれで目の色まで変えようとした文人淡島寒月（一八五九－一九二六）その人である。白人宣教師の後について英語を教えてもらったり、街頭での説教をも手伝っていたらしい。アメリカへのあこがれは、本気で渡米を考えさせ、英語の猛勉強とともに、彼の地で日本のことを聞かれて答えられなかったら恥になると思い、日本のさまざまな歴史書を買いあさり勉強を始めた。井原西鶴の本もそのなかにあった。読み出したら止まらない、こんな面白い本が日本にあったのかと……。西鶴の価値を尾崎紅葉や幸田露伴に伝えたのは寒月であったことは有名な話である。寒月は西鶴に耽溺《たんでき》してしまった。気がついたら茶髪はすっかり元の黒髪に戻ってしまい、アメリカへ行く気もまったくなくなってしまったという。

寒月から百年後の茶髪の青年は、どれだけ日本を勉強しているのか……。高校のカリキュラムが、世界史は必修科目で、日本史は選択科目というようでは望むのが無益というべきか……。

（一九九九）

〝氏名〟その実と虚

今日の先進諸国の特徴を決定的にしていることの一つに、タテマエとして個人の尊厳が保障されていることである。逆にこのことは百年ほど前までは、一般人にとっては漠然としたものであったことが、今日では誰でもが〝自分〟というものを〝イヤ〟というほど自覚させられるようになったということである。西欧的認識でいうならば〝自我〟を発見し、発明したということである。人さまの指図に従うのではない。自分がまさに自分らしくあることの確認を限りなく繰り返して落ち着こうとする人間になったのである。

ところで、こういう自分自身を他人様と区別して、はっきり実感させているメカニズムは何処《どこ》にあるのだろうか。恐らく、その重要なポイントの一つに先祖や親から与えられたらしい氏名

（姓名）をどう受け止めるかにあるようだ。つまり、これは自分自身ではどうすることもできない先験的枠組みである。それ故に、これを受け入れない限り固有な自己自身は始まらない。さしづめ、たとえば田中太郎さんとするならば、その人が他の人と峻別《しゅんべつ》して自らの尊厳を保障するためには、自らが田中太郎を受容しなければならない。いわゆる自己自身のアイデンティティ（氏名とこころの一体化体験）の確立である。もとより祖先や親たちの勝手な命名を受容できない不幸に悩む現代人は少なからずおられる。自我を発見したための余儀ない現代人の十字架である。しかし、だからといって十字架に悩むばかりが能でもあるまい。苗字《みょう》にこめられた遠い祖先の思いや親の命名にこめられた願いは、気付いてみれば他の誰のものでもない。自分自身を刻印づけている唯一無二の実存形式そのものなのである。また、それだけに氏名の与える子どもへの意味の深さは測り知れないものがある。心したいものである。

自我に目覚めた時代のエリート達は、この世に自らを刻印づけるのに雅号をもって処した。また芸名やしこ名にこめられた職業的変身の妙と自我防衛的メカニズムは、秘めた心の健康を保障しているようだ。また、それを名乗る人を天下の大スターに仕立てて倦《う》むことを知らない万余の庶民をも生み出している。

先の名古屋場所ですい星のように現れた新大関〝出島〟は、そのしこ名が本名（姓）と知って、筆者はいささかとまどった。唯一の本名（姓）横綱〝輪島〟も同じ石川県出身で、一代を築いたやに見えるが、出島関のこのストレートな自己主張に幸がほほ笑むことを祈らずにはおれない。

アメリカから輸入の野球は、〝長嶋〟も〝野村〟も〝新庄〟もいささかの変名はみていない。大スターは〝イチロー〟を唯一とするのみである。興味深いことにアメリカ社会では多重人格症候群（独りで二役以上を演じて苦しむ人格障害）が日本よりも格段に多いといわれる。雅号や芸名の知恵の差とはいうまい。

げに心のアイデンティティに宿る氏名の問題は自我の自覚がつのればつのるほど複雑化するようだ。

（一九九九）

通過儀礼を考える

人の一生は、いろいろの体験を経て成長し、老いていく。しかも、これらの体験には、その人生への意味化を決定的にさせる人間の知恵がこめられているようだ。古代人や未開人は、人間の知恵とはいわない。神（全能者）の意志として、子どもが大人になる時に要請したさまざまの難行苦行を体験させ、大人社会への入籍を許した。こうした人生の節目の体験は、通過儀礼として語られてきた。

神を失った現代日本人は形骸化した通過儀礼を、七五三参りや入学式、成人式、結婚式の形で、かろうじて、その姿をとどめさせている。加えて、ここ十年ほどの特徴は、これらの挙式を一層に形骸化させていくようにも見える。

通過儀礼にこめられた人間の知恵とは、衣食に明け暮れる俗の世界から、高度な認識機能である創造性、啓示性、宗教性ともいえる心的作用としての聖なる世界へ、変化《へんげ》させる、かけがえのない状況を生み出させる場なのである。思春期や更年期、老年期に心を病む人々が、心的な内部体験として、人それぞれの通過儀礼を体験していないことへの注目によって、心理治療の適正化が図られることは示唆的である。「大人になりたがらない子ども」「永遠の少年・少女」とは、現代人の根源的不安を先どりした臨床心理業界の言語化である。

通過儀礼にこめられた、さまざまな儀式は俗から聖に、つまり弛緩《しかん》から緊張へ、死から再生へ誘《いざな》うための苦行のプロセスなのである。

また、そのことは子どもが大人になるための、成人が老人になるための時空間の境界性を自覚させるための、かけがえのないイベントでもある。にもかかわらず、この俗から聖へのセレモニーが軽視され、拡散していく現状は深刻である。ホテル文化のシンボルのような結婚式は、若者達によって関心を急速に失わせているようだ。けなげな「じみ婚」の時代も去ろうとして、多くの子ども達が大人になりたがらない（結婚しない）とは、考えてみると、恐ろしいことである。

俗から聖への道の今日的断絶は、たとえば一月十五日の成人の日を、消費を促進させるための軽薄な経済主義によって連休体制に変更することになった。つまり西暦二〇〇〇年から、成人の日は第二月曜日というすこぶる不安定な祝日となる。変なことである。

男子は髪形・服装を改め、頭に冠《こうぶり》や烏帽子《えぼし》をつける元服。幼名を廃し命名叙位を受けることもある。女子は眉《まゆ》を剃《そ》り、歯を染め丸髷《まげ》を結った半元服を旨とした。平安、鎌倉、室町から江戸時代にかけての、さまざまの時代の元服物語は日本における通過儀礼史を彩るシンボルである。この俗から聖への厳しい営みの中には、今日の拡散してしまったが故《ゆえ》の不幸とは別の意味で、挫折に泣いた幾多の若武者や淑女がいた筈《はず》である。しかし、彼らは漠とした不安に病んだり、イライラする異常と正常の境界人的現代人よりも、はるかにリアルな苦悩を体験したことだけは確かであろう。

（一九九九）

「こころ」断想

この原稿のテーマを何にしようか。思いめぐらしてマイカーを運転していた。四車線の大通りでストップして、ふと側行のワゴン車の文字が目に止まった。〝荷主の心をつたえる赤帽〟とある。さしづめ一昔前ならば〝一日早く、確実におとどけする赤帽〟くらいかもしれない。

考えてみると、この頃《ごろ》は何ごとも〝こころの時代〟の安売りである。筆者なども、その意味で時代の受けに入っているようだ。明けても暮れてもこころ学（心理学）の氾濫《はんらん》とつきあっている。本年四月に開講の佛教大学の大学院臨床心理学専攻コースも、定員十人そこそこに百六十人が応募するから、やはり、これもこころの時代の反映なのだろう。

基本的に、物が豊かになりすぎて施設等のハードの充実が飽和状態になると、無性に心の渇きを体験させ、ソフトとしての「こころ」を求める時代をもたらすようだ。生身の人と人とのかかわりによって、心の癒しや感動を共有したひと昔前の状況を、ハードの異常な豊かさによって埋没させ、無関心化させたかに見える。

パソコンの画面に釘付《くぎづ》けになったオタク青年は、他人から孤立することによって、その充実を体験するように見える。しかし、それは、どうやら心を十分に満たすにはほど遠いようだ。乖離《かいり》した精神の病理の道を歩む人は、少し別におくとしても、まさに現代人は、自分自身と圧倒的な疑似世界とのかかわりによって、逆に心を癒すことのできない寂寥《せきりょう》と抑うつを体験しているのである。しかも、そのことの自覚には、ほど遠いことが問題の深刻さを示している。喧騒《けんそう》と陰うつという対極的な姿によって不安を癒《いや》そうとする、無自覚的現象は一層深刻でさえある。

ひるがえって、おそらく「こころ」とは、心理学上いろいろの定義がなされているが、実は、「言葉」そのものが「こころ」の実相であると合点することは、すこぶる重要のように思われる。言霊《ことだま》という言葉を持ち出すまでもないことだが、「言葉」は「こころ」なのである。にもかかわらず、この言葉も、テレビやパソコンの画面に象徴される対象との対話の中に、どれだけの生き生きとしたこころの交流と息づかいを体験することができるのだろうか。画面に独語する若者をみるのは気味悪いものである。

「言葉」は「こころ」である。美しい「こころ」があるから、美しい言葉が生まれるのではない。美しい「言葉」が美しい「こころ」を生み出すのである。

これは、筆者の四十年来の主張の言葉である。しかし、今日ほど言葉の解体と拡散をみている時代はないのではないだろうか。性の拡散とは、いいたくないが、かわいい娘が、「アイツ……」と携帯電話や仲間と話す姿が、公共の車中で、しばしば見るが、おぞましい限りである。加えて〝言葉狩り〟という恐ろしい暴力がわれわれを支配する構図は、筆者など生きる意欲を萎《な》えさせてしまう。「ペン（言葉）は剣よりも強し」とはアメリカの原爆投下等に潰滅《かいめつ》した廃墟に佇《たたず》んで、勇気づけられた五十三年前の終戦の日の感慨である。いささか時代錯誤の「落」になってしまったが、「こころ」はやはり「言葉」なのである。

（二〇〇〇）

因果律の実と落とし穴

近代科学の長足の進歩は、物事の生ずる現象の由来を明かすことにより、その有効な成果をみてきた。これは一般に「因果律」にもとずく人間の認識様式ともいえるものである。多くの文明の力は、とくに原因を明らかにして、その結果を合点し、大いなる成果をみた。身近な交通機関の列車や自動車の進歩の実例をみても、スピードと安全を保障する成果をみてきた。まさに因果律的認識の果実である。

しかし、われわれ生身の人間そのものについて因果律的認識は、果たして機械のメカニズムと同一に律することができるのだろうか。もっとも厳しく、この認識の落とし穴に遭遇するのが心の病である。スピロヘーター（梅毒病原体）に原因があって発症する脳梅毒疾患をモデルに追求された人間の心の病の原点ともいえる精神分裂病も、百年経った今日でも、その原因は不明であり続けている。

おそらく、人間一人ひとりの「生きる」ということ（同時に「死する」ということも含めて）の受け止め方、感じ方が、もともと個別的であるが故に、心の病は未来永劫《えいごう》にわたって、その発症の原因は不明であり続ける構造をもっているようだ。

人間が幸福になるための因果律的認識は、いわゆる豊かな衣・食・住によって保障されるという。この幸福モデルは、今日の文明先進諸国で、ほぼ充足したかに見える。しかし、われわれ日本人は、本当に一人ひとりが幸福になったと思っているだろうか。もとより、わが人生の謳歌《おうか》に酔いしれている人もあろう。豊すぎる現実をボヤイている人もあろう。幸福もまた心の現象なるが故に、本質的に因果律で律し切れるものではないのである。にもかかわらず、今われわれは信じられないような少年達の凄惨《せいさん》な殺人行為の頻発現象に遭遇して、おののき、たじろぎ、「何故！　こんなことが……」と因果律的に認識しようとして袋小路に迷いこもうとしているようである。

神戸の少年Aにしろ、全日空ハイ・ジャックの機長刺殺青年にしろ、京都の日野小学校での小学生殺害犯人にしろ、豊川市の主婦刺殺17歳少年にしろ、先を越されたと、つぶやくバス・

ジャックの17歳少年にしろ、その共通項的特徴は、まさに豊饒《ほうじょう》にみえた生活環境のもたらす仮想世界の肥大と、現実世界との境界が不明確となる一種の思考肥大症状を呈しているところにある。学校でのお勉強が一過性的に、よく出来た時期があったのも思考肥大のなせるわざで、十分に理解できる。

ただ、しかし、ここで、この少年達の凶悪犯行に及んだ原因を追求してどれだけの果実がもたらされるだろうか。彼は母子家庭の息子であった。親は離婚していた。お祖母さん子であった。独りっ子で甘やかされていた等々の状況が、もっともらしく犯行を招来させた遠因の如く語られることほど無益なものはない。

人間の行動、心の問題は、すぐれて個別的であり、単一な因果律では律し切れるものではないのである。留意されなければならないことは、何故こんなことが（ＷＨＹ）と問うよりも、如何に対処すべきか（ＨＯＷ）の問いかけこそ大切である。ことに再犯への予防についても、被害者の支援のためにも、このことは重要である。

（二〇〇〇）

比叡の山の深層心理学

四年前に縁あって勤めることになった佛教大学で、いささか感慨を深めることがある。千二百年前、わが国山岳佛教の開祖ともいわれる最澄が建立した天台宗の延暦寺（七八八年）のある比叡山の眺望についてである。

佛教大学自慢の平成九年に竣工《しゅんこう》した図書館（成徳常照館）の五階にある特別会議室の東面に開ける広角窓からの眺望である。晴れわたったブルーの東の空に開かれる比叡山系の大パノラマ。その絶景に息を呑《の》むだけではない。

東南の指呼の間に稜線《りょうせん》をあげていく如意ヶ岳と右大文字から、北に向かって、なだらかな台地のような山間《やまあい》を経て、屹立《きつりつ》というと少しはばかられるが、比叡の山が視界の中央をとらえてはなさない。その裾野《すそ》の果ては、はるか比良山系の南端に続いている。

問題は、この屹立する比叡の山のことである。この山を越えた向こうは、近江の国 大津（坂本）から望見される比叡山がある。大津出身の筆者などは幾十年と比叡の山を見て育った。この山のイメージは屹立の山とは無縁である。四明岳の山頂を頂点に、根本中堂の朱色造りを、かすかに垣間見せながら、実にやさしいオワンを伏せたような山である。闇夜《やみ》に点滅する比叡山ドライブウェイのマイ・カーのライトも、思いなしか御佛の豊艶《ほうえん》な胸をとり巻く輪具の揺らぎにも似ている。

それなのに、この都の西北、佛教大の常照館から眺望する比叡の山は、人を寄せつけないような屹立に至る稜線の山である。見なれた近江の比叡しか知らない人にとっては、最澄開山の比叡と同定するのには相当な時間を要するようである。

千二百年前、近江の人、最澄が弓削道鏡《ゆげのどうきょう》に象徴される南都佛教の俗化をきらい、厳しい山岳の大地に修行を重ね、今日の延暦寺の基礎を築かれたことは意味深いことである。近江が母なる受容と寛大にイメージされる比叡の山であるのに、都の西北に開かれる東面の山、比叡は、父なる厳しさと孤高をかもすとは示唆《しさ》的である。朝日に映える京の比叡と、夕日に彫りを深める大津の比叡は、伝教大師、最澄の開山に秘めた思いであったのではなかろうか……。

まことに勝手な筆者の思いであるが、開山三百五十年後の白河法皇（一〇五三－一一二九）の御代に叡山の荒法師と加茂川の水だけは法皇の意にならないと嘆かしめた。京の比叡のなせる業ではあるまいか。下って八百年後の叡山焼き討ち（一五七一年）に狂った信長の暴挙は、母なる比叡のエロスなるが故の挑発に、そそのかされたのではあるまいか。京の裾野から攻め上る織田軍を想像するのは困難である。

近江の比叡をエロスに仕立てた認識は、京の比叡をタナトス（死の神）に仕立てさせるからである。タナトスの実像とは、最澄も認識した筈《はず》の、知性と抽象、破壊と再生、王道と倫理に文脈する「厳しさ」そのものであるからである。

（二〇〇〇）

不信と不安を癒す、こころ

戦後民主主義が生み出した負のエネルギー「不信感」

今、学校は非常に大きな問題をたくさん抱えています。いじめ、不登校、学級崩壊、犯罪の低年齢化など、学校のことが話題にされない日はないほどです。これらの問題に共通するキーワードは「不信感」ではないかと、思います。

現在の学校の状態は、「不信感のタテ社会」と呼ぶことができるでしょう。学校教育が確立したのは、日本が近代化を迎えた明治時代。その時に学校を支えるヒエラルキーも確立しました。その後敗戦を迎えた日本は、民主主義教育を推進していきます。平等の尊さ、個の尊重の大切さを一貫して教え続けられてきました。その功績は多大です。しかし、何事にも表と裏があるように、平等や個の尊重の裏の部分が噴出してきたのが今の時代ではないでしょうか。

たとえば、教師と生徒は同じ人間だから平等だという考えは間違っていません。しかし「先生」という言葉の意味が示すように、人生の先輩であること、未知のことを教えてくれる存在ということをきちんと理解していれば、自然と畏敬や尊敬の念が湧いてくるものです。

「先生だからといって偉いわけではない」

「先生というのは、仕事なんだから生徒にどうされようが教えればいい」

といったような言葉を子どもたちの口から聞くと、平等の概念が頭でっかちになりすぎて、尊敬という自然な感情まで否定してしまったのではないかと思わざるをえないところがあるのです。

尊敬と信頼は非常に密接な関係にあります。人間は尊敬できない人のいうことを信じることはできません。こうして、生徒の教師に対する畏敬や尊敬の念は消え、生徒とのあいだの信頼関係も消えてしまいました。しかし、教壇に立つ教師とそれを聞く生徒という構図は依然として残っています。教師の上に教頭や校長という管理職があり、その上に教育委員会があり……というタテ社会の枠組みは残っています。そこを流れていくのは不信感のみになってしまったのです。

関係創造のモデルは母からの絶対的な愛

ところで、信頼感とはどこから生まれてくるのでしょうか。その源となるのは、親子関係です。赤ちゃんは、母親のおっぱいに喰らいつくことによって、無条件に与えられる愛というものを知ります。母親に遠慮したり、母親の心を疑ったりすることは決してありません。このような状態を二重一体感と呼びます。信頼関係の原体験です。人間はこの体験をモデルとして、母子関係で獲得した信頼感を、やがて他者とのあいだにも築いていくのです。

ところが、このモデルを持たない子どもたちが増えています。母と子のあいだにも平等の関係が成り立ってしまっていて、子にとって母は絶対的な愛の象徴ではなくなってしまっているようです。友だち感覚の親という自分に満足している方が多いようですが、その裏で子どもは親を尊敬したり、信頼したりする気持ちも失っています。

他人を信用できないということは、自分にも自信が持てないということです。これを自我収縮といいますが、常に警戒心を持ち、責められやしないかとビクビクしています。最近の子どもは常に相手に気を使っています。それは相手を傷つけたくないという理由以上に、自分が傷つくのを恐れているためです。しかし、これでは心を通いあわせる友達を作ることは無理でしょう。つまり、孤独はいっそう深まり、不信感もいっそうつのるという悪循環が生まれます。

逆に、赤ちゃんの時に体験した二重一体感の心は、自らを信じ他者を信頼する心を育む原点です。喜びと悲しみをわかち合う豊かな共同社会（コミュニティ）を保障する鍵概念は実は自信と他者信頼のなかにあると思います。不幸な自我収縮の構図になぞらえれば、このことは自我拡大（エゴ・インフレーション）といえなくもない側面を持っています。つまり、見方をかえれば自信と他者信頼は少し「おめでたいこころ」といえるかもしれません。案外、今日の緊張と不安は、この「おめでたいこころ」が求められているともいえるのではないでしょうか。

再び地域に開かれた学校をめざして

学校で教師が尊敬されなくなったということは、地域社会の崩壊と無関係ではありません。現在は学校が終われば、教師は一個人として先生とは呼ばれることはありません。昔は、教師・医者・僧侶は先生と呼ばれ、地域社会のなかで相談役として機能していました。学校という空間も、授業を教える場だけでなく町の人がさまざまな集いに使うサロン的な場として開放されていたのです。ところが、たとえばガラスが割れた時の責任を誰が取るかといった問題を恐れて、学校は課外には閉鎖されてしまいました。集う場がなければ、自然にコミュニティの結束は弱まっていきます。

大人同士の結びつきが弱まると、子どもを地域ぐるみで育てようという風土は失われてしまいます。子どもが悪いことをしているのを見かけたとしても、誰の子かわからない。昔は、誰の子かわからなくても叱ってくれる大人がいたわけですが、それは、大人のあいだにコンセンサスが取れていたからです。今ではよそ様の子どもに干渉してはいけないと、大人にも自我収縮が起きているのです。

大人と子どもの双方の不信感が学校へと流れこんできているのが、今の状態です。このような社会構造を改善するための専門家が、わたし自身もその設置に関わったスクールカウンセラーなのです。

学校は、相当に相互不信感が充満しているようです。教師と生徒のあいだの不信感、保護者と教師の不信感、教師と校長や教頭など管理職との不信感によって、マイナスの緊張感が漂っています。スクールカウンセラーは、それぞれの緊張関係のあいだに入り、緊張をほぐすのが重要な仕事の一つといえるでしょう。ドライな見方をすれば、この四者は利害関係にあります。利害がある以上、建て前が先んじて本音で話すことがなかなかできないでいるのです。スクールカウンセラーという利害の外にいる人間には本音で話すことができます。そしてお互いの本音を知ると無駄な対立があったこともわかるわけです。

そのためには、スクールカウンセラーは自室に閉じこもっていてはいけません。悩みとは「はい、わたしの悩みはコレです」と簡単に話せるものではありません。できれば職員室に机を置いたり、廊下をうろうろするなどして、教師や生徒から話しかけられやすい雰囲気を作っておくことの大切さを強調しています。

派遣の当初は、養護教員が担っていた役割と重なっているのではという指摘もありました。けれども、あくまでも「こころの専門家」として第三者的なポジションを保つにはスクールカウンセラーが望ましいことが次第に理解されるようになったと思います。もちろん、養護教員は現場での長いキャリアを持っておられるわけですから、学校現場の実状を教わりながら、良いパートナーシップを築きあげてほしいと望んでいます。

スクールカウンセラーは、今後、全国の公立中学校一万四〇〇〇校に設置されることが検討されています。大人も子どもも癒されたいと願っています。ひとりひとりが癒され、お互いの信頼を取り戻すことができれば、学校と学校を取り巻く地域社会は再び活性化するのではないでしょうか。今、送り出されようとしているスクールカウンセラーは、その大切な第一歩を踏み出すという、コミュニティ・ケアの最前線に立とうとしているのです。

（一九九九）

心理臨床家のためのこの1冊

『ロジャースをめぐって　臨床を生きる発想と方法』

心理臨床家として身を立てようとする人、今、大学院等で臨床心理学の勉強と実践の入門的活動をしている人にとって、多少の先輩である筆者の立場にあるような者は、立前としては、恐らく自身の心理臨床実践活動のプロセスで、ぜひともこの一冊だけは目を通してほしいと思う著書をとりあげて述べることにあるのだろう。しかし、今回は、一三六校の臨床心理士養成に資しておられる全国指定大学院に学ぶ三千人余の臨床心理士キャンディデェトが、二年間の学習期間にぜひとも一度は目を通していただきたい、恰好の書物として二〇〇五年十二月に公刊をみた村山正治著『ロジャースをめぐって』（金剛出版）をとりあげて述べたいと思うのである。実は、日本の臨床心理学は、今日ようやくその学問的枠組みと実践科学としての実態と有効性（教育・訓練性）を明らかにしてきている。しかし、とりわけ臨床心理学の実践活動の原理（principle）を構築している一種の援助理論は、いわゆるロジャーズ（末尾、附記参照）に依拠した、カウンセリングをもって旨とする認識が、指定大学院において四〇％、精神分析的アプローチとするもの二二％、ユング的なもの八％、これら三領域の混合するもの一六％、その他となっている。三年前の四四校の指導教員の回答調査の一端である。日本の援助技法のエッセンスは、その認識が何であれ、一九六〇年代初頭にロジャーズ自身も来日（一九六一）し、カウンセリングの思潮（エトス）と実践性の展開に、大きな影響をもたらした。とかく医学（診断と治療）モデルに何らかの不全感を持っていた心理臨床家や理論家は、ロジャーズの来談者中心療法にみる人間観、治療観に想像以上の影響を受けた。この第一世代の日本の心理臨床家たちは、指定大学院の初代指導層の一部にも大きな影響を与えた。今日の日本の〝カウンセリング〟に収れんされる言葉（概念）の中枢は、ロジャーズの思潮を無視して語ることはできない。しかも一種の日本化したカウンセリングこそ実は、心理臨床実践家にとって一度は通過儀礼的に体験しなければならないプロセスのように思うのである。しかもそのプロセスこそ、身をもって示し、今われわれの前にロジャリアンと明言する（同書一三九頁）村山正治教授が、上梓された本書『ロジャースをめぐって』であると思うのである。

いささか、ロジャーズと無縁をもって認じられているソンディアン（？）の大塚が、この本をとりあげるゆえんを、もっともらしく弁解めいて言っているようで、なんとなく自身がおかしくなるのだが、今日の日本の臨床心理学を学ぶとき、村山さん（これ以降、こう呼ばせていただく）の果たされた意味は、上述した意義はもとより、彼自身の歩みを無視して合点することは困難のように思う。このことは、学問の真髄を少しでも会得するためのエッセンスは、自伝的に自らの学問実践を語ることと、それを補完するような中心的な研究論文や固有な論説を併記した書物である。くり返すが、この思いにバッチリ合ったものが今回推奨する村山さんの本である。「臨床を生きる発想と方法」という副題をつけ、一見既刊論文集の再構成編のようでもあるが、村山さん自身が「取り組み、育ててきた心理臨床に関する方法論、科学論、事例、理論、学生指導論など私の思想を一冊にまとめ、これまでの歩みを整理し、さらに発展の方向を展望して世に問うこととした」とある。まことに日本の臨床心理学の今日像に大きな影響と実績を残されている村山さんならではの言葉である。

アナムネーゼ（既往症）を語る時は、すでにそれを克服した時である。若き日の彷徨は、やがて出会いと決別を重ねつつ自らの栄養として、自らを育ませ、自らの予想だにしなかった頂きか、峯の端に立ち登る。古今の偉大な影響を与えた人は、何らかの似た歩みをするものである。これをパトグラフィック（病跡学的）に光を与える時によけいにこのことを生々しく歩みの意味を明確化させるようだ。村山さんを、この偉大な影響者の一人であるというと、それこそいたくいいいいはにかまれて申し訳ない思いになってしまう。そもそも現役で、まだまだ活躍いただいている村山さんをパトグラフィックに語ること自体、そのものが問題なのである。しかし、実は、村山さんの京都カウンセリングセンター時代から村山さんの三年先輩であり、京大グループ・ロジャリアン第一号をもって認じていた畠瀬稔さん（京都女子大学名誉教授、現エンカウンター・グループ代表）と筆者（大塚）は京都女子大学時代ご一緒し、日本臨床心理学会創設（一九六四年）にも苦楽を共にした関係で、畠瀬さんを間にして村山さんは多少は存じ上げていた。ことに九州大学教育学部時代後期（一九八〇年以降）から、今日の日本臨床心理士資格認定協会での活躍の流れの中では、ミスター・スクールカウンセラーと愛称（？）して、村山さんのウラもオモテも、相当に承知している関係にあった。本書の序章にみる九州大学退官最終講義録（「私とクライエント中心療法」一三一-一三四頁）は、日本のカウンセリング思潮が、どのようにして社会化し、大学院教育のカウンセリング（臨床心理面接）特論に影響を与えたかを物語らしめて白眉である。

村山さんが東京で生まれ、京都で大学、大学院時代を送り、三十年余の九州大学・大学院時代の発展と学問的成就の営みをされたことは、まさに彼の運命を切り開く（注1）自由選択運命そのものを示している。

カウンセリングは、村山青年にとってまだまだ身近でない、海のものとも山のものとも不明なものであった。彼自身がカウンセラーではなく、カウンセリー的であったという語りは、むべなるかなである。はるかアメリカから、医学モデルの臨床心理学に、臨床心理学史上、最大のチャレンジを試みて、consulting psychology（アメリカにおける一九三〇年代の臨床心理学＝医療心理学）に counseling psychology をもって clinical psychology の独自性を検証し、主張したカール・ロジャーズの思いは、一九五〇年代末に京都にも移入された。アカデミック心理学をもって本流とする文学部ではない教育学部の正木教授の講義に、村山青年が、カウンセリングの一つぶの麦のような萌芽的体験をされることは見落とせない。とりわけ、その後の九州大学への転出へと展開される最大の恩師として本書の第一頁（「はしがき」四頁）で京都大学の佐藤幸治先生（一九〇五－一九七一）を挙げておられるのは注目される。佐藤教授は旧制第三高等学校の教授から京大に移られ、多くの若い心理学徒をあたたかく育まれた。英文雑誌 *Psychologia* を創刊（一九五七年）され、日本の心理学を戦後もっとも早く国際化させる契機を与えられた先生である。一九六一年、初来訪のロジャーズ博士を京都大学に迎えられた立役者でもある。斯界の名物先生というと、いささか失礼のそしりを免れないが、シゾマニー的な方で、筆者（大塚）などの傍系の学徒であっても、学問の発展のために相談すると乾いたタッチであるけれども、インフレイティブに話題は発展して、人を勇気づける何かを持っておられた。ご自身、後の同志社大学長の松山義則さんや野辺地正之さん、大阪女子大の牧康夫さんらを内弟子のごとく言っておられた。佐藤→牧→の文脈で、その果てに村山さんを定位すると、見事に村山さんの偉大なロジャリアンを持って認ずる立場からの新しい臨床心理パラダイム、つまり、新しい人間理解へのモデルの創出（同書二一〇－二一二頁）に収れんされていく姿が合点されてくるのである。このことは、心理学を生業として相集う人々の社会で、共通項目的に自覚されていることともいえそうなことだが、他者よりも自身の声、内なるものに過敏で、傷つきやすい人が多いということである。したがってまたこういう人は、他者への働きかけは、すこぶる抑制的である。しかし興味深いことは、抑制的で過敏であればあるほど、その弁証法的反転として、きわめて開放的、拡大的、教祖的ともなるものである。有能なシゾマニーは、有能ではあるが単純なマニーよりもどれだけ味のある人かと魅了させるものである。

過敏な村山さんを、その人生でもっとも、運命（選択）[注2]を切り開くクライシス（分岐点）で苦慮させたことは、京都から九州へと出立することである（本書二〇一―一二八頁）。村山さんの入学する一年前（一九五三年）に開設された京都大学教育学部附属心理教育相談室は、不登校児へのカウンセリング的かかわりを、全国に先がけて始められた。東大出身の倉石精一教授の主宰による、開かれた自由な、またある意味で京大らしい個人の好みにあった心理教育相談活動であった。日本臨床心理学会の創設前の学会機関誌編集事務局も、畠瀬　稔京都女子大学大講師（当時）の肝入りでここに移転させていただき、村山さんの草創期のもっとも注目されるべき論文「登校拒否中学生の心理治療」(注3)（同書七五―九六頁）を『臨床心理』三巻―二に採択し、一九六四年に公刊をみている。

大学院を修了し、京都市教育委員会に設けられたカウンセリングセンターでの実践活動はロジャーズ的な逐語録のフォローを通じたカウンセリング手法の追体験学習により将来の心理臨床への貴重な糧となるものであった。注目したいことは、一対一の個人面接的援助技法（医療モデル）にみる有効性と限界をはっきりと認識し、それを言語化したことである。訪問面接の試みにみる、しかしソシアルワーカー的かかわりとは峻別される、治療的（今日の言葉では援助的）かかわりの可能性を見出したということである。この認識は、単なる原因の除去に基づくものではなく、治療者（臨床心理士）とクライエントとの相互関係性からクライエント自身の自己探索的心性の湧出をもたらし、登校することへの気づきへと誘うことを明らかにする。症状の除去ではなく、その場の現象的変容を目ざすことへの強調でもある。これはまた、村山さんを今日のミスター・スクールカウンセラーたらしめた原点的発想の契機を与えた記念碑的論文ともみなされるのである。その二十年後に臨床心理士の第三の柱（専門行為）に定位させた臨床心理的地域援助という概念を導かせた具体像の一端とも無関係ではないのである。

カウンセリングセンターでの活動は、村山さんを、それなりに充実させるものであったようだ。しかし彼をもっとも悩ませたことは、自ら語るように（一二三頁）、このまま進めば実践も研究もままならぬ、管理職としての所長になってしまうこと、しかも河合隼雄（当時天理大学助教授）のユング研究所からの帰朝にみるカウンセリングセンターでの直接のかかわりは、さまざまの状況変化をもたらしたようだ。河合先生への学問的、実践的畏敬の念がつのればつのるほど、彼を落ちつかせなかった。佐藤幸治京大教授が九州大学への推挙を図られたのが、このクライシスの時だったのだ。神の声であったかどうか……。村山さんは九州へ出で立つことになったのである。一九六一年京大にロジャーズを迎えられたのも佐藤幸治教授だった。そして大学院生の村山さんをロジャーズの案内・世話係に抜擢され、知ってか知らずか生涯の出会いの契機を与えられたのも佐藤教授であったのだ。本書第一頁（「はしがき」四頁）の意味である。

三十年後、臨床教育学から臨床心理学への確立・発展にコペルニクス的な大推進を果たす斯界のリーダー河合隼雄教授の内実を支えたひとりが村山さんのスクールカウンセラー活動に関する諸成果である。九州に行ったならばこそ、そこではぐくみ育てた成果は奇しくも河合先生の活動を確実に補完するものをもたらしたのである。スクールカウンセリング研修や学会活動場面での村山さんの働きかけに、未だかつてキャンセルしたことのない河合先生の努力もまた多とすべきであろう。

いささか論旨がそれたようだが、九州時代は村山時代そのものであったといえよう。周知のロジャーズの思潮を、村山さんが、どう受けとめ、どう展開したか……。本書でのある意味でのメインのテーマであり、一度は目を通しておくべき課題であろう。本書第一章「カール・ロジャースの先見性」(二〇〇二)、第二章「ロジャースの晩年の考え方と実践」(一九九八)、第三章「パーソン・センタード・アプローチ」(二〇〇二)三〇 - 七一頁の三つの章がそれである。いずれも最近にまとめられた論文の再録である。こうして再読してみると、すべてが三十年近い村山さんの心理臨床経験と研究・教育にかかわってきた者のみが、分かりやすく自分の言葉で語っていることを気づかせるのである。第一章に示される内容は、それこそ、本稿の村山版ともいえる本誌第二巻第一号で「臨床家のためのこの一冊」の対象となった本についての論述である。当時より一つ新しいことをつけ加えるならば、岩崎学術出版社から『ロジャーズが語る自己実現の道』（諸富祥彦他訳）と翻訳され二〇〇五年に公刊されていることである。これを読むとよいということだが、村山ロジャリアンの新鮮な心理臨床の科学論の背景ともなる第一章である。しかもこの科学論は本書第一一章に再録をみている「臨床心理学研究の方法論――新しい人間の科学をめざして」の論稿である。前後して一気に読むことのできる便利さはともかく、村山さんのパーソン・センタード・アプローチのセンスが、有名なセラピストの三条件（共感・自己一致・肯定的関心）を自らのものにするといった初歩的な、歴史的言辞ともいえそうなことではなく、村山臨床心理学ともいえる、拡く深く人間科学としての実践心理臨床学を構築しつつある論稿として評価したいのである。おそらく、そのキー・ワードはセラピストとクライエントとの関係性についての共感でも、自己一致でもない、Indwelling（棲み込み）にありそうである。人（臨床心理士）が人（クライエント）にかかわり、その人に影響を与える（変化、改善等）専門家たることを担保する、まさにキー・ワードといえそうである。

Indwelling は科学哲学者ポランニイ（Polanyi, M.）の提唱概念で栗本慎一郎の「非決定とイマジネーション」（『現代思想』一四巻三号、一二一－一三〇、一九八〇）からの援用らしいが、対象へのコミットメントは、われわれがすでに三人称的かかわりでも、一人称的かかわりでもない、「二人称的」かかわりとしてこれを強調している（大塚 二〇〇四）。まさに、このIndwellingは相手の心にdetachment（突き放し）する三人称ではなく、involvement（巻きこんでしまう）する一人称的でもなく、心に宿るがごとくかかわる二人称的なことを意味しているのではあるまいか。しかも人が人を理解する瞬間、つまり合点する（いわゆる共感することでもある）瞬間に心的なものが宿る、それがindwellingではあるまいか。村山理論の提言として注目しておきたい。

エンカウンター・グループの活動は畠瀬さんのご縁で、その草創期から筆者（大塚）は承知している。しかしついにご一緒することは一度もなかった。ロジャーズの一対一のカウンセリング・プロセスから世界平和運動に発展拡大する偉大な活躍には、異議をさしはさむものではない。いかにもなじみにくいのは、ロジャーズのカウンセリング理論と実践の、そのすばらしい成果と、それらの専門職業性を自ら批判、放棄し、エンカウンター・グループは二十世紀末でもっとも将来性のある社会発明だとして国際平和に邁進する姿だけは同意しかねるのである。

大切なことは、エンカウンター・グループの研究や体験によって自己発見への寄与、他者理解のセンス、あるいは集団力学の体験知を学び、集団心理療法に援用したり、教育分析的体験をグループで学ぶことの可能性を知ることではないだろうか……。村山さんの個人からグループへ、そしてネットワーク・アプローチ（二三四頁）への展開は、村山臨床心理学の発展像として決して無視されるべきではない。熟読玩味したいものである。

最後に敢えて、村山さんが平成十三年度（二〇〇一）第十一回日本心理臨床学会賞を受賞された理由を再録し、本書の意義を改めて確認したいと思う。

「ヒューマニスティック心理学のパイオニアとして、来談者中心療法、エンカウンター・グループ、フォーカシングをわが国に紹介するとともに、実践と研究に取り組み、優れた業績を挙げた。またスクールカウンセラーの導入と展開にあたり最前線に立って、この事業の推進を図り、この学問領域への社会的な認知の向上に努めるとともに、理論的・実践的にも新たな分野を開拓した功績」

【附記】

Rogers, C.R. の日本的記載には本書（村山）のようにロジャースとする場合と、臨床心理士資格試験問題、関連事典等で記載されているロジャーズの二種が慣例のようである。本稿では本書の直接引用以外はすべて後者（ズ）に依った。

【文献】

大塚義孝（一九九三）運命の概念。『衝動病理学〔増補〕―ソンディ・テスト』誠信書房、五‐一六頁、五二三‐五二四頁
大塚義孝（二〇〇四）臨床心理学の成立と展開一、大塚義孝編『臨床心理学原論』「臨床心理学全書」第一巻、誠信書房、二‐一〇六頁
Szondi, L.（1968）*Freiheit und Zwangng Sckicksal des Einzelnen*. Hans Huber, Bern.

（注1） 運命には自分ではいかんともなし難い強制運命（Zwangs-schicksal）と、自分の意志でなんとかなる自由選択運命（Freiheits-schicksal）があるという（Szondi, L., 1968）。
（注2） ソンディ（Szondi, L.）は運命とは選択であるという。
（注3） 出典の原文は心理治療となっている。本書では心理療法に改題されている。

（二〇〇六）

第3部
こころの時代の羅針盤

入口と出口の怪

物事が展開する場合、どんな事情があっても起承転結の経過をとるものである。「起」とは物事の始まりであり入口である。「承」と「転」は入口の事情をうけたまわって、それを充実・発展させる中間過程である。「結」は「起」に始まったさまざまの経過のなかで最終の結論に達する出口そのものである。

エイズの不幸では信じられないような厚生省当局の指導プロセスが問題となって大騒ぎが連日続いている。帝京大の大先生が七十九歳の高齢をものともせず責任追求に立ち向っておられるのも痛ましい。ぞろぞろと厚生省の奥倉庫からなかったはずの資料が出てくるのもおぞましい。非加熱製剤を危険と知りつつ関係病院に出荷し続けた製薬会社の社長達が「土下座」して陳謝する姿もあわれである。しかし、こうした人々のやったこと、弁解し続けたこと等、人として許し難いことであるが、そもそも血液製剤は外国の危険な売血を原料としており、その輸出国のシステムは一体どうなっていたのだろう。一九八二〜三年、米国で最初に売血による製剤からのエイズの危険が指摘されだした。日本が輸入するから、何でも輸出してよいといえるのか。ここが知りたいのである。入口の怪たるゆえんである。まさか貿易摩擦の回避の一環ではなかったことだけは祈りたいが……。

ところで出口はどうだったのか。単に血友病患者への投与（注射）だけにとどまらない。第四ルート（エイズ感染ルートの第一が性交、第二が母子感染、第三が血友病治療といわれる）として卵巣手術、胃の手術、新生児の出血症等さまざまの止血治療に使用され、その悲劇が報告されだした。非加熱製剤の使用が危険と知りつつ、用いられた意味は看過出来ないのである。個々の医師は、厚生省や製薬会社のロボットであったというのなら、何も言うまい。

入口と出口がしっかりしていれば、こんなことは絶対に起り得ないのである。

承転の中間プロセスも大切だが、「起」と「結」にみる入口と出口は如何に哉《や》である。

（一九九六）

阪神五連勝にこと寄せて

プロ野球の阪神タイガースが五連勝して、阪神ファンは大騒ぎである。今年は例年以上に負けが込んで最下位底迷が続くだけに、たかが五連勝でも大話題となる。これを明治百二十年以上の上方文化のコンプレックスの象徴現象であるとは、ここではいわない。むしろ日本共通の白人劣等コンプレックスを阪神五連勝にこと寄せて話題にしたいのである。

というのも、四月以降とっくにお引きとりあってしかるべき外国人選手をずるずると出場させ、やっと鈴をつけてオールジャパン的チームになったとたんに五連勝である事実をみると、鹿鳴館時代が百年後の今日でもまだ続いていたのかと、びっくりさせられるのである。ご丁寧にも外国人枠の緊急の適用とかで二週間後には、新助っ人二人がアメリカから来日するそうである。しかしお引きとり頂くのに、あれだけ苦労し、やっとチーム一丸の若手の輝きが出だしたのに何と無策な外国人招聘《しょうへい》なのであろうか。外国人即大砲という虚妄は、もうここらで年貢を納められないものか……。二十年に一回だけ優勝する阪神がバースの大砲を夢みて語る話は愛すべき阪神ファンの夢物語として、とやかくいうまい。しかしである。六月十九日現在のセパ両リーグの各々の打率第一位から第三十五位までに、どれだけ外国人が入っているのだろうか。セパいずれも七人づつに過ぎない。しかもパリーグではイチローをトップに十位までには近鉄のローズひとりである。セの方は、トップが中日のパウエル、六位がヤクルトのオマリー、九位が広島のロペスで、その母数から考えると多少外国人の方の確率は高い。大砲に関するホームラン記録となると、セリーグでは二十本の大豊をトップに七位の新庄（阪神）まで誰も外国人はいない。パの方は十七本でトップのブリトー（日本ハム）があがって、その大砲ぶりをうかがわせるようだが大騒ぎするほどではない……。イヤ・ハヤ、こんなことにムキになるのはそれこそ当方がコンプレックスの塊ともいえそうだが、阪神タイガースの若手の目の輝きだけは、なんとか育てたいものである。

（一九九六）

知能雑感

人間のもつ知的能力は、一般に「知能」または「知性」として理解されている。どこまで困難な課題（問題）を解決することができるかに関する能力をパワーという。この課題をどれだけ早く解決することができるかに関する能力をスピードという。いわゆる頭の良い人を回転が早いというのは、このスピードのことをいっているのだ。いずれにしろ知能はパワーとスピードによってある程度明らかにできるようだ。周知の知能検査や知能指数は、百年の歴史をもって、さまざまに論じられ、方法や手続が考案され今日に至っている。

しかし、まだまだ、いざとなると知性や知能といわれる人間の能力に関しては不確実なことが多い。スピードに関連する能力を流動性知能、パワーに関連する能力を結晶性知能といって、成人や老齢者が若者に負けないのはこの結晶性知能であるという。といってもこれだけで成人のすばらしい知的能力は把えきれるものではない。思いあまって知能検査で測定されたものを「知能」という、いささかヤケッパチな定義もある。いわゆる操作主義的同定という奴である。

　思うに、人間の知的能力は、結局のところ適応力とでもいえそうだ。ある知能検査の問題に、「木の茂っている山で迷子になったらどうする」という子ども向きの問題がある。天下の俊英（?）が集る有名進学校の中二生に尋ねたところ、「泣く……」と答えたそうだ。話半分にしてもいかにも現代っ子らしい。大学生に設問してみても「じっとして助けを待つ……」と。「泣く」のと五十歩百歩である。

　正解は、「木の茂り具合から南北を推定し下山する……」等であるが、どれが正解かはいうまい。弱冠二十五歳の羽生名人は、どう答えるだろうか……。「じっと待つ……」と言いそうで、言わないように思うのは、筆者の買いかぶりか……。


（一九九六）

スリランカ大統領の角膜

二千三百年ほど前、インドから伝えられた仏教を国是として栄えたインド洋の島国スリランカは、十六世紀以降ポルトガル、オランダ、イギリスの支配に苦しんだ。しかし、日本の南進に紛糾した第二次世界大戦の収束を契機に百五十年余のイギリスの直轄植民地支配から独立して、一九四八（昭和二十三）年、英連邦内の自治国となった。さらに一九七二（昭和四十七）年、旧称セイロンを、今日のスリランカに改名し、民主社会主義共和国として進展を見ている。

イギリスの支配から独立した初代大統領ジューニァス・リチャード・ジャヤワルデス氏は、四十五年前の一九五一年に開かれたサンフランシスコでの対日講和会議で日本の国際社会への復帰を強く求めるとともに、対日賠償請求権の放棄をも宣言された。その当時の打ちひしがれたわれわれ日本の若者をどれだけ勇気づけたことか。記憶が、そぞろ再生される。

ところが、今改めて、この再生に光を与えるとは、このことか……。ジャヤワルデス大統領は去る十一月一日（一九九六）に九十歳の天寿をまっとうされたが、遺言として「大統領自身の目（角膜）を一つはスリランカの目の不自由な人のために、もう一つは、日本の目の不自由な人のために役立ててほしい」とあった。すでに、この遺言による大統領の眼球の一つは日本に送られたそうだ。摘出手術にあたった医師団のコメントは「九十歳の高齢にもかかわらず角膜の状態は極めて良好」という。大統領の生涯にわたって日本に寄せられた変らざる厚き思いは、本当に筆舌には尽くしがたいものがある。十一月四日の首都コロンボの独立広場での国葬に、日本から誰が行くのかは知らない。大統領のご冥福を心より祈るばかりである。

このコロンボからの感動の便りが、曇なき日本の子ども達への国際物語として長く伝えることが出来るかどうか……。少しオーバーにいえば、日本人のスリランカの人々に対する国際性が問われる試金石ではあるまいか……。

（一九九六）

いじめ考現学

「いじめ」は純粋にやまと言葉で、「虐」の字をあて、「虎が爪を剥き出して弱いものを襲うこと」をいう。外来語ではないらしい。戦前から「いじめる」という動詞で広く国語辞典にも記載されている。しかし「いじめ」という名詞的使用は極最近になって辞典にも登場し、ご丁寧にも、「学校で弱い者を苦しめる……」云々と、学校生活に限定しているのが注目される。保証の限りではないが筆者の昭和四一年版（一九六六）の辞典には「いじめ」はない。しかし平成三年版（一九九一）には右の学校説の名詞的使用をみている。

要するに「いじめ」は学校の専売特許で、文部省はもとより日本中の関係者が、一九九四年十一月の愛知県での中学生「いじめ」騒動以来大騒ぎである。長文の遺書がセンセーショナルに伝えられると、これに起因するらしい群発自殺が生じたり、「体育祭」を、「期末試験」を中止しなければ自殺するといったとんでもない騒動が学校と保護者を苦しめている。「いじめ」は当の

「いじめられっ子」ばかりではない。一般社会と組織集団にまで及んでいる。

「いじめは昔からあった……」式の古典説は、すっかり影を潜めた。もっぱら「人の悩みや心の痛みを共有できる教育」「人権尊重、暴力否定教育」が優勢である。しかし、どうやら日本的な学校の「いじめ」現象は、唐突な比喩だが、平等・ことなかれ主義に硬直してきて、今、紛糾と解体の淵におののく、護送船団方式というらしい銀行等の金融業界の破綻と軌を一にしているのではあるまいか。

正義と真面目さ、そして勇気が、これほどまでに無視され、リーダーシップをとろうとする者がうとまれる状況は、世界広しといえども日本だけではあるまいか。

中学生の人気者の日米比較調査（一九九三・日本青少年研究所）で、クラスの一番人気ある仲間は、日本では、おどけたお笑いタレント的な子ども五六・四％（米国は二四・一％）である。正義感の強い子どもは三・二％に対し米国では七・七％と逆転している。真面目は「マジ」と転化縮小し拡散する不幸は深刻である。

（一九九七）

知覚は良心を生む母

人間の知覚は、認識と情念を造り出す原点である。電光にまばゆい不夜城は、人をして夜と昼の錯覚の世界に誘《いざな》ってかえりみない現代文明の落し穴である。

不夜城に限るものではない。あらゆる生活文化のなかに、信じられないような発達を呼び込み、虚構と真実の境界を今日ほどあいまいにさせてしまった時代はない。テレビに去来するビジュアルな世界は、どこまで現実で、どこまで虚構であるか判じ難い。不幸はドラマと化して、人を無感動に仕立てさせる。いわば認識や情念の肥大と欠落を、いとも簡単に日常化させてしまったのが、今日のわれわれの実状である。

錯覚の日常化と肥大化といえまいか。〝キャッシュレス〟の時代も、このことに深くかかわっているようだ。「小」はサラ金に追われて破滅する不幸な人から、「大」はバブル経済に踊り、やがて司直の世話になる姿はあわれである。

日本最大のお堅《かた》い銀行の面々の、事もあろうに無担保で一〇〇億、二〇〇億の大金を、こともなげに融資して省みない神経には、開いた口がふさがらない。契約社会の根本原理の欠落が問題である。戦後教育の破綻のシンボルである。道徳感覚の厳しい再生のための教育こそ不可欠である……。

まことに尤《もっと》もである。しかし、もっとも根本的なものは、正常な知覚をマヒさせた今日の異常な軽便という名の虚構にあるのではなかろうか。もし一〇〇億円を正真正銘の一万円札で小池某なる男に渡さなければならなかったなら、こんな破廉恥《はれんち》なことは起こらなかっただろう。

ちなみに、二二億円を一万円札でキャッシュ化すると、二四〇キログラムほどである。さしずめ小錦関ほどの重さである。

銀行マンに、一〇億円以上の融資には直接現金で渡すことを義務づけ、年に一度は大蔵省に報告させるようにしたらよい。変な監査委員会も株主総会も不用である。げに知覚は良心を生む母なのである……。

（一九九七）

NSNの危機――神戸少年Aの狂気に思う

生物的レベルの「ヒト」から、社会・文化的事象を取り込み「ヒト」(one)は「人」(human)と成っていく。これは個人の尊厳性確立への営みである。しかし、この営みを育む原点とは何なのか……。筆者は常々NSNの記号で象徴される自身では、どうすることも出来ない三つのなかにあるといっている。それは氏名(Naming)と性(Sexuality)と生れ故郷(Nationality)である。自己の尊厳は、この三つをどう自らが引き受け、同一化したかによって保障される。自分の与えられた氏名と一体化した時、われわれは他者からの独立と自由を確実にする。性《さが》の確証は自己の不安を癒し安定へと誘《いざな》う。生れ故郷は言葉の獲得を決定づけ、さまざまの行動を規制し、自信の根源を形成させる。好むと好むまいと、この三つの運命的事実を受容して、われわれは自分を自分らしくしている。しかしこのNSNの同一化に向けての今日的状況は目をおおわんばかりの危機的なものにしているようだ。

神戸市須磨区の十四歳の少年Aの異常行動は、まさにNSNの危機そのものを具現したといえる。くり返された偏狭な人権・平等主義の育成環境は、その象徴事例のような中学・高校合格発表を受験番号だけにまで追いやってしまった。子ども一人ひとりの氏名は跡形もなく埋没し、透明人間にさせたのである。「酒鬼薔薇聖斗」と名のる機制は示唆的である。男女平等は、男を女に、女を男に限りなく近づけるようだ。やがてそれは異様で極端な男性化か女性化をもたらす。溺愛した猫に寄せる少年Aの優しさ（性《さが》）は、異様な加虐愛へと反転させ猫の四肢を切断させ、無差別な少年・少女の虐殺となって、われわれを震かんさせたのである。「灘高通り」があり「東大通り」のある少年Aの故郷が拡散してしまうのに時間を要すると誰が言うのであろう。ホラーの世界は故郷の空想の果に出現する実に確かな、しかし虚構に満ち満ちた「うたかたの世界」である。

今日の衝動病理学は、少年Aの狂気を相当程度に明らかにする。また、そのことは個別的問題として十分に納得させるようでもある。

しかし少年Aを育んだNSNの危機は他人ごとではない。けだし現代人の焦眉の課題である。

（一九九七）

行為障害とは

神戸須磨少年Aの残虐非道な犯罪行為について、異例の家庭裁判所の審判内容が公開された。裁判官の苦汁が察せられる要旨のようだが、精神分裂病等の重篤な精神障害に陥る危機性を危惧する一方で、精神鑑定医らが示した「行為障害」について述べているがこれは一体何なのか……。

そもそもこころの構造や機能を鑑別するということは至難のワザである。行為障害（Conduct Disorder）とは一九八〇年以来、アメリカ精神医学会が作成した精神障害の診断と統計の手引書（DSM）に依拠して示された、診断のための参考見解なのである。

専門的な適正利用が求められるが、行為障害とは以下の三つ以上の基準が過去十二カ月の間に存在し、少なくとも基準の一つは過去六カ月の間に存在しているという。

○人や動物に対する攻撃性

①しばしば他人をいじめ、脅迫し威嚇する。

②しばしば取っ組み合いの喧嘩をはじめる。

③他人に重大な身体的危害を与えるような武器の使用。
④人に対して身体的に残酷であったことがある。
⑤動物に対して身体的に残酷であったことがある。
⑥強盗、ひったくり、強奪などのあらっぽい盗み行為。
⑦性行為を強いたことがある。
○所有物の破壊
⑧重大な損害を与えるために故意に放火したことがある。
⑨故意に他人の所有物を破壊したことがある。
○嘘をつくことや窃盗
⑩他人の住居、建造物または車に侵入したことがある。
⑪物や好意を得たり、または義務をのがれるためにしばしば嘘をつく。
⑫万引き、偽造など、こっそりと物品を盗んだり、あざむいたりする。
○重大な規則違反
⑬十三歳未満ではじまり、親の禁止にもかかわらず、しばしば夜遅く外出する。
⑭一晩中、家を空けたことが二回はあった。または長期に家に帰らないことが一回でもあった。
⑮十三歳未満からはじまり、しばしば学校を怠ける。

うちの息子も、あてはまりそうだと不安になる人もおられるかも知れないが、人間の心と行動は、そう料理ブックのようにはいかない。

ラベルが何であれ、少年Aの厳しい現実の受容が可能になることを切望すると共に被害者の冥福を祈らずにはおれない。

（一九九七）

日本版ビッグバン雑感

今日、只今すすめられている経済システムの大改革は、ビッグバンというらしい。平成十年四月一日の実施を待たずして、四大証券の一角が崩壊するわ、老舗の都市銀行が倒産するわで大変なことである。一般現象こそ、ロケット砲で証券会社の大ビルディングが瓦礫《がれき》の山になるわけでもなく、銀行の本店が戦車に蹂躙《じゅうりん》されて壊滅《かいめつ》したわけでもないだけに、呑気にかまえている人が多いようだが、この実体内容は深刻である。

黒船襲来におびえおののくような愚は避けるべきだが、グローバリゼーション（世界化＝国際化）の名において、あらゆる既存の機構と諸制度を改変しようというのであるから確かな眼《まなこ》が今日ほど求められていることはないといっても言い過ぎではない。明治維新以降百三十年余、日米戦争終結後五十年余経っての制度疲労は直さなければならない。民主主義と平等主義の落し穴も十分に体験した。改革しなければならない。

しかし、銀行振込の給与を引き出そうとしたら銀行は倒産していた。倒産するような銀行に振込を依頼した本人が悪い、という考え方が実は今すすめられているビッグバンという名のグローバリゼーションの基本思想である。銀行はすべからく正確な情報をユーザーに公開しなければならない、ということになる。真《まこと》にもっともである。でも一般市民のすべてがすべて経済評論家のような情報に精通できるのだろうか。精通を善とし、信頼を悪とする構造は必ずしも頂けない。幾万とある規制を撤廃して自由な競争を保証しようとする考え方も立派である。しかし今、店舗の規制は全廃され、中小企業の小売店は、ほとんど壊滅の危機にある。大百貨店と大スーパーだけが栄えるのが時代の趨勢というのには、いささか早とちりではあるまいか。平等主義の反動が、こんなところで厚顔になるのだけは願いさげである。

（一九九八）

○○先生は○○さんか……。

栃木県での中学生が注意を受けた女性教師をナイフで斬殺《ざんさつ》する事件は、神戸の少年A事件と共に、中学生の実態が、どんなになっているのか慄然たるものを催させる。よそ事ではない。京都の伏見の中学校でも中学一年生の男子に注意をした教師がナイフの憤撃《ふんげき》をあびて、七針も縫う重傷を負っているのであるから、先生たる者、命がけである。

信じられないことであるが、平成八年に日本・米国・中国の三カ国の高校生約千人を対象に、ポケベル等の通信媒体調査を行った日本青少年研究所の報告資料によれば、「親に反抗すること」「先生に反抗すること」「学校をずる休みすること」等の社会規範に対する回答で、「本人の自由でよい」と答えたものが日本の高校生は、それぞれ八四・七％、七九・〇％、六五・二％と異常に突出して多いのに対し、米国や中国はいずれも、一〇％台であるという。

このような基本的な社会規範についての自覚水準は、将に自らに由って律し、高められてこそ人間性尊重の王道という。しかし、人もまた自然のいきものである。
暗くなれば怖くなり、明るくなれば微笑むのが自然なのである。共同社会での営みが、個人の勝手な主張によって成立するものではないことを、理屈なしに子どもに教えなければならないこともある。親にとって、先にも生まれていない中学の教師に、何故「先生」というのか……。興奮する市民グループとやらの浅薄な主張が横行するのも不幸である。子どもの前で、子どもが畏敬をもって接すべき先生を「○○さん」と呼ぶ親があってはならないのである。なればこそ学校の先生は、真理と正義と共同社会のために身を律し頑張らなければならないのである。しかし、どうも、この構造が、戦後五十年かかって、つぶれてしまったようだ。ＮＨＫはすでに、自然な発言ではときに、「○○先生」と言っているが、フォーマルには一貫して、「○○先生」も「○○さん」に統一されて久しいのである。表現（言葉）は心である。父上もパパになった時から怪しくなり出した、とはいうまい。

（一九九八）

嗅覚考現学

人間は、多種多様な外界環境の適否を判断するために、いわゆる五感覚の器官をもって対処している。視覚、聴覚、味覚、嗅覚、触覚がそれである。眼、耳、舌、鼻、皮フ表面が、その窓口である。しかし面白いことに、鼻だけは、その固有な「におい情報」を嗅覚神経を通じて大脳の感情中枢ともいえる視床下部に送るだけで、視聴覚のように思考中枢ともいえる大脳皮質には送られていないということである。いわば「におい」だけはストレートに快・不快の感情に直接影響を与えて自分自身の安全と快適性を保障しているのである。しかも動物発生学上、人間と鳥だけは、視覚の発達に反比例して嗅覚機能を退化させた。加えて人間だけは、今日の視聴覚文明の圧倒的な知覚支配によって、この退化現象を決定的にしているようだ。今日の子ども達は、ほとんど摂食行動における腐敗臭に対する回避行動は期待できない。子の親もすでに摂取可能期限の印刷文（視覚）に依存しているのであるから世話はない。いや、テレビ画像に氾濫する料理番組で、ビフテキのにおいも、松茸の芳香も抜きであるのに、不都合を感じない感覚こそ問題にすべきかも知れない。

それはともかく、嗅覚のストレートな感情作用は、恋人への思いをつのらせる恰好の話題をもたらすように、人と人との関係を密にしたり、疎にしたりする重要なモメントと深く関係している。家族の一体感も、実は同じ食事をすることによって、生ずる体臭の共通性によって保障されている。手づくりの弁当とも無縁で、孤食に断絶する子どもの不幸に気付くことは重要である。しかし体臭の共通性……と言うだけで若者や大人でさえも、拒絶反応を示しかねないところに、現代の御し難い病根があるようでもある。

無味・無臭なヒ素混入カレーライス事件に触発されて、見当違いの嗅覚考現学を綴った次第。

（一九九八）

ほどほどに深く厚き母

子どもが心身共に健康に育つために、親の役割が、如何に大きいものであるかは、知る人ぞ知るである。しかし、こうしたことを強調すると、何となく「イヤ」な顔をしたり、ポジティブに受けとめ難い感じを示す人は、どうも苦手である。と言って、問題を起こしたり、難病に苦しむ子どもを持った親が、すべて自責にかられて苦しまれるのを援助するのも、なかなか大変である。言ってしまえば、何のことはない。親は、ほどほどに子どもに深く、厚く関わればよい。ということになる。しかし、実際に、ダウン症児等の不幸な障害児の発達援助の経過を見ると、改めて、親の、とりわけ母親の、その不幸な子どもへの暖かい受容が、どれだけ豊かな発達をその子どもに保障しているか、信じられないものがある。不幸な子どもを生んだ親たちの衝撃と慟《どう》哭《こく》は、援助者にとっても耐え難いものである。しかし、「赤ちゃん」の生物学的レベルでの「微《ほほ》笑《えみ》」に応えることの出来るようになった母親は、偉大である。援助者の適切な支えを共感によって、この母親の受容は、夫や家族と共に、子どものわずかな成長でも喜びを分かち合わせ、子どもの次への段階への成長を確かなものにさせるから偉大である。子どもの「死」を願い、子どもを無視する不幸から抜け切れない母親をもった子どもは、如何なる第三者の援助も期待できないのは深刻である。発達障害の支援に観察される、さまざまな母子関係の相互性は、親子関係にある、子どもから大人になっていく一般的な発達像に、少なからざる示唆を与えて止まないものがある。昨今話題になる『五体不満足』（講談社刊）の著者（乙武洋匠《おとたけひろただ》）は、手足四本皆無の先天性四肢不全（切断）であるが、早大生として頑張っている。その「明るさ」、その「聡明性」、その「積極性と生産性」の源泉は、母親の信じられないような、乳幼児期における「受容」と「頑張り」によってあがなわれた果実以外の何ものでもない。ほどほどに深く厚き母は、やはり偉大である。

（一九九八）

子どもに期待する虚構

子どもは親なくしては育つものではない。しかし、今日の豊からしい物質文明の至れりつくせりの過干渉状況と疑似個人尊重主義の偏重教育は、いつの間にか子は親に育まれなくても育つが如く錯覚してしまったようである。中学生の親達は「子どもを信頼している」「子どものやる気を待つ」「子どもの意志を尊重したい」「子どもの選択にまかせたい」等々つぶやくことしばしばである。しかし、この親の期待が意味を持つようになるためには、その中学生達の乳幼児期から小学校時代にかけて、親や社会が正しいモデル教育をしておかなければならない。子ども自身の自己決定トレーニングをしておかなければならないのである。にも関わらず、こういう呑気なことを言っておられるのは、親はもとより一般社会そのものが、こうした事前教育を悉く放棄してしまったからに外ならない。不幸な子ども達は、親や地域の人々の手づくりに育まれた感情の形成も、意欲の創出も無縁となっているのである。マルチ・コミュニケーション・システムのフロッピーに対応する無機的なシステムの具現者の如く、自らを仕立てていったのである。注意しても、叱ってもブスーとしている場合は、まだマシな方である。合点のいかない不思議そうな顔をして見つめられるから大変である。恐らく、この状況はルールを守る道徳心が欠けているからではない。自分の善悪に考え及ぶに至る世界とは無縁な空白の世界に浮遊しているに過ぎないからである。繰り返される大人の注意に、仕方なく「自分は悪くない」というのが彼らの常識（？）なのである。後を絶たない少年達の殺傷事件を見るにつけても、ナイフで傷つけたのは、憎かったから切りつけたのではない。ナイフの切れ味を試すために切ったのである。彼女が彼の前にたまたまいたからに過ぎない。彼女である必然性は何処にもない。人の命を大切にしましょう、と説諭する校長先生のなんと痛ましい絵空事であることか。原点に回帰した厳しい幼少教育こそ求められるべきである。

（一九九九）

「ああ言えばこう言う」理論の実状

「一生懸命に勉強しなければならない」という親は多い。しかしまた、勉強に精を出す子に向かって「そんな急にムキにやっても効果は期待できない……」とケチをつける親もまたいるものである。さしずめ、「ああ言えば、こう言う」という仕儀で、筆者などは「シッポを踏んで前に進め」というようなものであると常々言っている。ところで、分裂病者の幻聴や妄想の発症由来を「どっちにしても親から叱られる……」と訴える患者の親子関係にみるコミュニケーションのあり方から説明したイギリスの生物学者G・ベイトソン（一九〇四～一九八〇）の「ダブル・バインド（二重拘束）理論」の見解は興味深いものがある。今日、必ずしも分裂病発生理論として全面的な承認を得たというわけではない。しかし、家族内の人間関係や、ひろくさまざまの共同社会でのトラブル、葛藤、齟齬《そご》は、この二重拘束的コミュニケーションの落とし穴に落ちて苦しんでいる姿そのものといえそうである。家族間の問題行動を解決するための家族療法の一つに、このダブル・バインド理論が応用されている。親に反抗する子どもに対して「もっと反抗せよ」と指示して、その子がその通りすれば「服従」したことになるし、この反抗に反対するならば「親への反抗」は消退したことになる、というわけである。なんだか詭弁《きべん》を弄《ろう》されたようで、心理療法論として筆者の好みには合わない。しかし、なかなかに合点することも多いのである。事実べイトソンのこの理論は、家族療法はもとより人類学、精神病理学、果ては人間の生態学的認識論（物の見方）として奥の深いものを持っているのである。地球温暖化の危機に対処して自動車の排気ガス基準を低値に抑制すると、貿易障害になると恫喝《どうかつ》され、経済の復活再生を期待されて輸出に精を出すと、ダンピングだとケチをつけられる。何処やらの国の閉塞状態は、さしずめこの二重拘束の理論で合点できそうである。国民ひとりひとりが幻覚・妄想にうなされることだけは避けられること祈るや切である。

（一九九九）

表現の自由と品性

「言論や表現の自由」は、オピニオン・リーダーをもって認ずるマス・コミ関係者にとっての金科玉条の一つである。確かに独善的な支配体制下に苦労する人のために、マス・コミの「表現の自由」などを社会が保障していくことは実に大切である。

しかし戦後五十年以上も経って、言論の自由や表現の自由は果たして正しく育ったのだろうか……。昨今のマス・コミ媒体（テレビや週刊誌等）にみられる一種の報道合戦は、表現の自由を盾にした目を覆いたくなるような醜態というのもおこがましい、体たらくである。満員電車にゆられて、週刊誌のつり広告や一流紙というらしい新聞広告のエロ・グロ一色の目次の語りかけを見るにつけても、人間の品性を問いたくなること、しばしばである。

今朝も、ラッシュアワーの電車のつり広告にショックを受けたばかりである。まさに一流のオピニオン・リーダーをもって自らを認じているらしい某週刊誌の目次タイトルで「ＹＫＫ・鳩山由紀夫の賞味期限はいつまでか」とある。筆者などは自民党のＹＫＫのお三人も、民主党の鳩山さんも、なんのウラミもごひいき筋でもない無関与の方々である。共産党の不破さんがそうであるように、政界でいろいろ頑張っておられるらしい方だろうと思うだけであるが、この方を把えて「……賞味期限……」とは一体どういうつもりなのか……、短絡的に言えば人格権の侵害そのものである。こんな表現が許される社会こそ、許されるべきでない。まさに人をして期限表示のハムかカマボコに例えてかえりみない、実に下品な語り口である。こういうのを「品性が問われる」というのである。おっしゃっている一流紙（？）が品性を常々主張されているだけに、よけい不快にさせるようだ。

今日の品性を欠く若者の跋《ばっ》こは、こうした品性を欠く文言を氾濫させてかえりみない社会の落とし子ではないと誰がいえようか……。心したいものである。

（一九九九）

心の教育の秘訣

「顔が立つ、立たない」で、人はどれだけ苦しみ、悩むことか……。大人社会の複雑な人間関係も、そのほとんどが、この顔にシンボライズされる言葉に凝集されて、つぶやかれるから妙である。善行をしたり、自らにポジティブに思われる時は、文字通り顔は立って、背筋まで伸びるから不思議である。逆に消沈して消え入りたい思いになる場合や、他人に無視されたり、拒否されたりする場合は、うなだれて顔は立たない。抵抗する反骨の思いが募ると、逆にひきつりながら、顔を立てようとするから厄介である。顔は立てようにも立たないのである。

ことほど、左様に人間社会の安定と、ひとりひとりの幸福を呼ぶためには、今日のように物資的充足が保障されてしまうと、このひとり、ひとりの顔が立つように、如何に相互が心するかに、その本質（秘訣）があるように思われる。青少年の不登校、いじめや非行の頻発は、「心の教育」を根治のための処方箋として声高に叫ばせている。しかし、この心の教育はどうやら、子どもにとっても、ひとりひとりの顔が如何に上手に立つようにするかに本質があるようである。つまり心の教育は、ひとり、ひとりを尊重する教育であるが、そもそも、ひとり、ひとりを保障するものは、このひとり、ひとりの「顔」にあるからである。

昨今の「顔の科学」は示唆に富む発言をしている。脊椎動物の顔は「口」に始まるという。魚や爬虫類を経て、哺乳類の形態形成で、とりわけ人間の顔は視覚機能の突出した発達を中心に、心の具現像として変幻万華の表情運動を可能にするまでになったという。顔は、まさに人格を表わすのである。両眼はその中心である。「顔をみて語る」とは、「目をみて話す」ことにある。乳児は母と目を合わせることから母の顔を識別し、母の識別は限りなく、その子の人生の最初の自己自身を体験するのである。顔の立つ原点である。心の教育は顔を立てるにしかずである。

（二〇〇〇）

追いうちする権利はあるのか

行き着くところまで行き着いた、の観がある昨今の新聞やテレビ等の報ずる警察官や自衛官の不行届にかかわる醜態は、まことに不愉快である。国民や府県民から付託された公務員たる者は、公私混同に陥ることなく、厳正に行動しなくてはならない。しかし、これらの新聞記事の内容を見るにつけ、敬老の日に、老人自殺の悲劇をことさら報ずるセンスに似て、よくもまあ死んだ子を起こすような醜態記事や瑣末事件を書きつらねるものである。醜聞があればこそ記者魂を刺激して記事を生み出す、と言ってしまえば、それまでである。しかし、ある大新聞の記事にみる大見出しは、いささか悪のりしすぎてはいまいか。某県警・警察官の覚醒剤使用もみ消し事件で懲戒免職処分を受けた監察官は、現在、生計の道を断たれ、故郷の某地に身をひき、苦労されている由。身から出た錆というものであろう。ところが、この不行跡な元監察官の窮状を救おうとしてＯＢ会が一種の募金活動をしたことに新聞は大見出しで噛み付いたのである。例によって

「……OB会は事件の重要性を確認していないとも受けとれる文書を会員に配布しており、問題となりそうだ。」と（傍点筆者）。

記者達の正義の主張は分からないでもない。しかし懲戒免職処分を受けた、ある意味で、その人の長い人生で極刑にも値する懲罰に苦吟している人を、ここまで追いうちする権利が新聞人にあるのか……。案ずるに、日本の今日の悲劇は、第四の権力ともいわれる新聞ジャーナリズム一般が、他の権力機構（政・財・労）に組み込まれたダイナミズムのラチ外にあることに由来しているのではあるまいか。江戸の敵を長崎で打たれないシステムの最大の顧客が「大新聞に象徴される言論界」である。日本の正しいダイナミズムの発展のために各界の勇気ある知叡の結果を図らねばならない。角をためて牛を殺す愚行をさけるためにも……。

（二〇〇〇）

凶悪刺殺少年達と被害者の支援

昨今の頻発する少年達の凄惨な殺人事件に遭遇すると、いささかたじろぎ、おぞましくなり、憤怒して、立ちすくんでしまう。しかし、それでも彼等犯人や事件の全容を理解しようとする場合、あまり原因を捜し求める手法は問題がありそうだ。とくに犯人や被害者家族の方々に少しでもお役に立とうとする心のサポーターの人々にとって、この原因追求的姿勢は、どれだけの有効性があるのか疑問なしとしない。

確かに多くの情報は、この極悪非道な少年達が、仮想世界の肥大と現実世界とが不確実となる一種の思考の肥大症状を呈しているところに、彼等の共通項的特徴があることを教えている。恐らく、この思考肥大の破綻が信じられない冷酷無比な刺殺行為をもたらしたのであろう。しかも彼等のすべてが学校で成績が一過性的によかった時期があったというのも、思考肥大のバリエーションとして、十分に理解できる。

しかし、こうした解説的理解がどれだけ犯人や被害者の関係者に意味を持つのだろうか。むしろ求められる必要のあることは、一人ひとりの固有な存在の意味を「感じ」「尋ねる」ことによって、加害したこと、あるいは被害を受けた、異常体験に苦しむ人と限りなく共感的体験をすることである。

〝何故〟という原因追求ではなく〝如何に援助するのか〟の問いかけの営みである。この問いかけは凶悪な少年達の未来に資する契機へ誘《いざな》うポイントとなる筈である。〝顔色一つ変えずに犯行を認めた〟……とか〝改心の気持のひとかけらもない〟と騒いでみても始まらない。

とりわけ無念の思いで慟哭される被害者の支援に寄与する最大のポイントは、この〝如何に……〟への姿勢である。客観性という名のアプローチがどれほど被害者にとって残酷なものであるか知らなければならない。少なくとも被害者支援の大原則は、原因追求から自由でなければならない。

（二〇〇〇）

〝滅多なことでなさるまじき〟

元気なく憂うつになるのを「滅入《めい》る」という。

昨今の〝朝刊〟を見るのは、まさに滅入ってしまうような話ばかりである。どうやら昨今の世情は〝滅多なことをなされますな〟が、臆面もなく踏みにじられ、横行し過ぎているようだ。

「滅入る」は「滅亡」の「滅」であまりよろしくない文字のようだが、「滅多矢鱈《やたら》」「滅多斬り」「滅多打ち」から、やたらに急《せ》くことを「滅多急き」、むやみに腹を立てることを「滅多腹」、むちゃくちゃなことを「滅多矢鱈」と同義的に「滅多無尽」ともいう。

「滅多なことでなさるまじき」〜先人の言葉は、現代日本人に、どうも効き目が薄いようだ。

「滅多な口はきけない」とは、畏敬の念も含め、つつましい日本人の心の一端をしのばせる言葉である。雄弁は銀で沈黙は金であるとする心情の一端でもある。しかし戦後教育の成果は、この抑制の美学もどこかへ行ってしまったようだ。ことに、ここ十年間は蛹が羽化してどっと天下を覆うように若者の心を支配したようだ。十二歳の神戸の少年Aから十七歳のバス・ジャック少年。大分の十五歳少年の滅多矢鱈に人を刺殺しまくる凄惨な暴挙は、抑制の美学を完全に無力化した象徴的事件ともいえる。

個人の尊重思想は、厳然たる個人の能力差の尊重を無視した平等主義によって、彼等の誤れる自己中心主義を羽化させるのに測り知れない影響を与えたようだ。

むやみに腹を立てる「滅多腹」から、やたらに急く「滅多急き」も、ほどほどに願いたいが、「滅多打ち」は近鉄バッファローズの「いてまえ打線」だけにお願いしたい。いわんや「滅多斬り」は禁句・厳禁である。

凄惨な悲劇の頻発に、筆者は滅入ってしまって言葉を失っている。しかし自己主張を督励する今日の思潮に〝滅多なことは言わない方がよい〟とは「滅多斬り」の秘めた安全策であると、しきりに思えてくるから妙である。

（二〇〇〇）

骨の話

〝骨を惜しまず……〟

「〝骨を惜しまず〟〝骨を折る〟姿とは、〝骨に徹する〟使命感と〝骨抜き〟や〝骨なし〟とは関係のない〝骨太〟の〝骨々しい〟人の〝骨限り〟に頑張る姿のことである」

これは〝骨〟の言葉に由来して、筆者が素描してみた人間像の一つである。〝骨を惜しみ〟、〝骨折り損〟を危惧して〝骨休み〟にふける現代の若者は、いささか意味が分かりにくいかも知れない。脊椎動物を基本的に構成させている骨格はそれぞれの動物の基本形体形成にとどまらず、とりわけ人間の場合は、物の中心、核心を意味している。さらに、それらは事に堪える力、気概であり、気骨を意味している。しかし、あらゆるオートシステムやタイムフリーなコンビニ文化。eメールとホームページや携帯電話に象徴されるコミュニケーション文化に耽溺する若者にとっては、凡そ無縁の言葉のようにも思える。まず理解を得るための解説がいるようだ。

「仕事を怠けず、苦労を重ねることは、心に強く感ずる使命感と大事な部分を取り去ってしまったり、無節操にならずに、気骨の太い、ゴツゴツとした人間の力の限りを発揮して頑張る姿」ということになる。こうした解説は、よけいに若者の視線をそらさせそうだが、どうも骨のある話は現代文明社会にとって、なじみにくいようだ。骨は本来身体の内にあって、支えることを本分とするからである。いわんや骨のある話も表に出ることは理にかなっていない。しかし、骨の言葉に込められた、さまざまの思いは、人間行動の中枢を形成する姿そのものである。あだやおろそかに〝骨惜しみ〟してはならない。

自民党への反乱劇を演じて日本中を騒がせた某派の頭領の醜態は、げに〝骨折れ〟の〝骨無し〟となったからである。これでは〝骨を拾う人〟もいなくなるかも知れない。他人のことは兎も角、実は筆者は目下足骨を折って〝骨休み〟に苦吟をかこっているのである。世のバリアフリーのテーマが〝骨身にしみる〟から笑止である。

（二〇〇一）

共生の虚構

〝共感する〟とは、カウンセリングのキー・ワードの一つである。相手の価値観を尊重して、苦しみを分かち合う状況を生み出すキー・ポイントとなる。彼奴《きやつ》を殺してやる！と言ってもカウンセラーは俄に「人の命は大切です。待ってください」と必ずしも言うとは限らない。「殺したいほど憎いんですね……」くらいは言うものである。相手の価値観に近づける努力の現れである。高ぶる相手も少しは落ち着き、誰でもが止めにかかるのが普通なのに、この人（カウンセラー）だけは、オレの気持ちが分かってくれるのだ……ということになるわけである。

しかし、この〝共感〟と似ているものに〝共生〟という言葉がある。悩んでいる人と共に生きるのであるから、一見うるわしいカウンセリングの真髄のようにも見える。しかし、これほど似て非なる姿勢はないようだ。平等と差別のない世の願いは、社会的弱者やマイノリティーを無視する人間を排除しようとする崇高な思いを象徴するかのように、この〝共生〟が大繁盛である。

ところで、よく考えてみると、カウンセリングの人間関係で、実際に共に生きる（暮らす）ことは絶対にあってはならない。そもそもヤドカリとイソギンチャクのように異種の生物が共存するシステムに付与された概念である。A太郎がヤドカリでB介はイソギンチャクではないのである。共生の言葉に隠された虚構である。人を癒すシステムとはほど遠い。

この共生説も細胞レベルの話となるとなかなか示唆的である。ヒト等の真核生物は十七億年というはるか昔にバクテリアが細胞内に共生し、やがて生命体の呼吸等の営みを司るミトコンドリアになったといわれる。この共生現象はキメラといわれる。キメラとは接ぎ木などに見る二つ以上の異なる遺伝子型を有する生物体のことである。しかし、このキメラとはギリシャ神話に出てくる頭がライオンで胴体はヤギで尾はヘビで、口から火を吐く怪獣のことである。

〝共生〟大合唱に気味が悪くなるのも、何となく分かるような感じがするから妙である。

（二〇〇一）

二十一世紀とBC五〇〇〇年

二十一世紀は、昨今の日本人にとっては極く当たり前の認識として、しばしば語られている。ちょうど今年は、イエス・キリストが生まれた年から二〇〇一年目に当たる大変区切りのよい年になるからであろう。百年単位で人間の歴史の道をさかのぼって想像するのも楽しい。京都の都大路も一二〇〇年前の九世紀から一二世紀にかけて、源氏物語も生み出す世界で第一級の文化を誇った王朝政治都市であったという。

ところで今年の春、大阪で催されたエジプト文明展の歴史の古さに圧倒されて、いささか〝二十一世紀〟に明け暮れる昨今の日本人感覚に奇妙な違和感を体験させた。実は今もって釈然としないのである。

BC五〇〇〇年頃にナイル川の農耕文化に始まるといわれるエジプト文明は、あの巨大なスフィンクスの王朝文明をもたらしていく。しかし、このBCとは一体何物なのか。展示に語られるBC三〇〇〇年とか、BC一五六五年の第一八王朝の碑文などと解説されると、いささか頭にきてしまうのである。BCとは、英語の before Christ の略記のことである。キリスト誕生前五〇〇〇年というわけである。筆者の頭はスムースにエジプト文明は七〇〇〇年前頃に起こったとは合点しにくい。

何という恐ろしいキリスト文明の暴力なのだろう。われわれの認識作用のメカニズムは何時の間にBC史観の奇妙な操作に自らを埋没させているのだ。黄河の流域に発生する中国文明にしてもBC四〇〇〇年では様にならない。六〇〇〇年も昔にさかのぼるのである。中国の正史教科書はどうなっているのか……。

イエス・キリストが誕生した二〇〇〇年前の十二月二十五日は、そもそも宗教物語で、真実とは無縁である。むしろ、そんなことを問うよりも二十一世紀イコール二〇〇〇年の歴史感覚が、どれほどキリスト文明から異境の地にあった人々の心を惑わせていったかを知らなければならない。青森市の三内丸山遺跡もBC三〇〇〇年ではない。五〇〇〇年前の縄文人のわれわれへの語りかけなのである。

（二〇〇一）

燃える炎は熱いのか……

〝百聞は一見に如かず〟とは、いささか時代がかった言辞であるが、言わずと知れた、何回も聞くよりも、一度実際に自分の目で見た方が遙かに確かであると言うことである。

しかし、昨今の子どもを取り囲む生活環境は、この聴覚の刺激よりも確かで視覚の体験を強調することとは無関係に、テレビ文化に象徴されるように、限りなく視覚と聴覚を、それこそ大自然を凌駕したような天然色とバック・サウンドによって、子ども達を支配し、虚構を現実（リアリティ）の如く錯覚させて、倦むことを知らない。最大の落とし穴は、われわれ人間の感覚や知覚を十全たらしめている視覚や聴覚に加えての、柔らかさや硬さや、温冷痛の触覚、においの臭覚、甘い辛いの味覚の三感を欠落させて顧みないところにある。

ガスバーナーの炎に沸騰する試験管の中の希塩酸の臭いも、炎や試験管の熱さも、画像からは伝わらない。ドラマで切られた悪人の、したたる血の色は確かのように見えても、トマトケチャップを薄めた虚構の世界を想定させることは困難である。ヌルヌルとした、生臭い血の体験は、どこまでも仮構の世界である。不幸なリアリティの世界とバーチャル（虚像）の世界の断絶を気付かせない状況をもたらしているのである。炎に手を突っ込んで火傷する子ども、腐敗臭を知らずに口にする子ども、信じられない事であるが、現実にいる子どもの姿そのものである。縫いぐるみのコアラを恐れた子どもが偶然接触して、抱きしめる姿はご愛敬であるが、笑えないのである。

飛躍するようだが、今日の不安定な、そら恐ろしい若者を生み出す原点は、このリアリティ・ロス（現実体験欠落）に由来した自信の欠落にあるのではあるまいか。もう、すっかり旧聞になったが、佐賀のバスジャックの若者が、「殺人を試してみたかった。血が出るのが試してみたかった……」とは示唆的である。

（二〇〇一）

百年前の寓話

五千円札でおなじみの新渡戸稲造の話から一つ。といっても今回は、拓殖大学の草原克豪副学長が寄せられた、学問という意味のラテン語からとった『スキエンティア』(Scientia)という小エッセイ誌からの受け売りと転用である。

新渡戸が拓殖大学の学監をされていた時の卒業式の訓示の内容である。日米交換教授第一号としてアメリカに出かける前に、当時の総理大臣・桂太郎(一八四七―一九一三)から次のような話を聞かされたそうである。「日本人は個人として外国と競争する力が少し弱い。国としては競争するけれども、個人として独り立ちして外国人と対抗していく力が弱い。たとえばサンフランシスコの酒場で酔っぱらいが来て、そこのガラスを一枚割った。そういうときにどうするか。イタリア人やドイツ人の店だったら、おそらく店主が酔っぱらいをとっ捕まえて、その場で成敗してしまう。ところが日本人の店だったら、酔っぱらいを捕まえようとしないで、こっそりと裏口からでも逃げ出して領事館に駆け込んだり、あるいは領事館を通じて警察に頼んだりする。そしてその事件が公になると国と国の問題になってしまう。こんなことは煎じ詰めれば、その店と酔っぱらいの関係だから国同士で話し合うことではない。個人の問題は個人のレベルで解決しなければならない……」と。

このエピソードを紹介しながら新渡戸は、学生達に「つまらないことで国をわずらわせないようにして欲しい。何をやって良いか、悪いか、倫理的なことは自分自身で判断する、その意味で個人として強い人間になれ」と強調されたそうである。第一級の国際人として、国際連盟事務局次長や日米友好に資された新渡戸博士の点描の一端である。しかし百年前の桂太郎総理の言も、いささかの色も褪せない。今日只今の日本人にも有効な寓話である。わざわざ外国まで行かなくても「国」を「府」や「県」に置き換えてもばっちり当てはまりそうであるから複雑である。

（二〇〇二）

心の時代の心の科学

心の時代といわれて久しい。これは恐らく自然科学の一方的な肥大によって落としてきたもの、つまり、現代の日本のさまざまのヒズミ、世界的には環境問題一つ考えてみても明らかである。つまり心の時代とは、自然科学の見落としてきたものへの反省を込めた大合唱なのである。

しかし、「心」の重要性が叫ばれる理由が分ってみても、「心とは一体何者なの……」と開き直られると、どうもわれわれ科学時代に生きる人間にとっては合点しにくいことが多い。「心とは信ずること」、そう確信することが出来た古き良き時代の人々は、幸福であったと言えるかもしれないが、我々の科学精神は、「心は大脳にある」というから面倒である。四億の脳神経細胞(ニューロン)が、五十年後の今日では百兆に増えて、さまざまの神経心理学的解説がなされる。感じたり、いちびったりする運動行動は、当該感情領野や運動領野の神経細胞群に支配され、コンピューターの回路と同じような神経回路によって作動するという。しかしこれでは心イコール脳細胞となって、いっこうに心は明確にはならない。神経心理学が本当にわれわれの「心の時代」に寄与するためには、例えば同一圧力でヒネッタ皮膚の痛みが、愛する人のヒネッタ場合はそれ相応に痛む事実をどう説明するかにある。

最新の脳スキャン技法（fMRI等）の知見は感覚中枢と感覚受容器（皮膚上の痛点）とを単一な神経回路の作動で痛みを感ずるようなものではないことを明らかにしている。つまり、脳機能が心機能となる時、それは明らかに相互作用的なシステムとして、しかも、一人ひとりの個別的な経験（歴史）を背負って作動するプロセスであることを示唆していることは注目される。

「部分の総和が実体である」という従来の科学の見落としへの警告のようにも思えるのである。木を見て森を見ない誤りが、どうやら心の時代の心のキー・ポイントであるらしいのである。

（二〇〇二）

テレビ・ニュース断想

五月十一日。正午のＮＨＫニュース。中国・瀋陽にある日本総領事館へ亡命希望の北朝鮮住民五人の駆け込みを、わが領事館に不法侵入して阻止逮捕する中国武装警官の生々しい姿を放映している。ご丁寧にわが日本外務省の領事館職員とおぼしき白Ｙシャツ姿の人が、ぞろぞろとゆっくり出てきて、北朝鮮住民との力づくの格闘過程で領事館庭内に落してしまった三人（？）の中国武装警官の帽子を、丁寧に拾って彼らに返そうとしている姿も映っている。まことに奇妙なわが外務省職員の国際平和精神である。次いで画面は輸入肉を国産の熊本産にシールを貼り代える雪印食品の偽装事件の逮捕者の悲しい状況を放映している。続いて久留米の病院勤務看護婦が友人の夫に加えて、自分の夫にも空気を静注して死に至らしめて保険金詐欺を演じた可能性を報じている。死体に付き添う妻の看護婦が〝死体解剖〟を止めて!!　とワメき騒いだ……とか。死亡診断書を書く優しい検死医もおられる奇妙な平和の時が流れたようだ……。

どこの国の放送局か……。奇妙な中立放送ということらしい。アメリカ通商代表部が日本のアメリカ産リンゴの枯れ葉病（?）予防対策としての輸入禁止は非科学的で許せない、WTO世界貿易機関に提訴して徹底的に闘うという。怖いアメリカの部長さんの顔と、アメリカ農民のリンゴ収穫風景がニュースの背景を彩っている。放送局の好きな日本の街の声もなし。日本政府の見解もなし……。日本の優しい視聴者は、アメリカ農民はかわいそうにと思えば如《し》くはなし、というところか……。

一見脈絡を欠くお昼のニュースの流れに、人々をして悲しく、情けなく、淋しい思いにさせていくのは、どうやら日本人がすでに日本人としてのアイデンティティー（一体感・自信）を欠いてしまったところにあるようだ。法律をいくら厳密に作ってみても、こうした事件は解消しないだろう。むしろ根本的なことは日本人としてのアイデンティティー教育をどう具体化するかに焦眉の課題がある。「日本」というよりも「この国」と代名詞発言をする著名な人々が急増しているようだが、戦後教育の成果とは、いうまい。

（二〇〇二）

〝気は優しくて、力持ち〟の警察官とは

〝気は優しくて、力持ち〟とは検非違使《けびいし》の末裔たるをもって認ずる警察官の基本モデルの一つであろう。しかし、この頃は何かと周囲の眼《まなこ》も複雑で、市民の生活を守る矜持ある警察官であり続けることのご苦労はなかなか大変である。

ところで、たまたま九州のある中都市の旅をして、ホテルから会場へ送ってくれるベテランのタクシー運転手が、並走する整備不良のトラックを緊急停止させて注意している警ら中の交通警官の姿を見ながら、乗客の筆者に語ったものである。

「……。この間の出来事なんですが、東京へ急いで帰る必要のある四人のお客さんを乗せて、JRの駅に向けて四十キロメートル規制の道路を五十八キロメートルで走っていたんです。そしたら今のみたいに警官にストップをくらいましてね……。ところが、その警官が先導してくれて駅まで来ましてね……。お客さんは時間に充分間に合って、本当に助かったのですが、その警

官、十五年間無事故の私に敬意を払ってくれたのか、どうかわかりませんが……。本当に急ぎの駅への搬送かを確かめるための先導であったか……。しかと判り兼ねますが〝今後は注意するように〞と一言残して行ってしまったのです」と。

安着した客人四人は、その状況をかたずをのんで見守っていた由。〝何も無かったです〞という運転手の合図に、どっと緊張がとけて、安堵の帰京の途につかれたという。〝若い警官ですが、なかなか乙な大岡裁きをするような対応で感心しました〞ともいう。東京の客人達も、タクシーの運転手も、警らする警官も、丸く納まって、めでたしといえそうである。

しかし、もしこの実状を知った交通係の上官はスピード違反を見逃した若い警官に、どう注意されるのか、なかなか難しいところである。

もとより違反キップを切るのが正道であろう。しかし県警に密かに敬意を表する運転手の語らいを聞くにつけ、安堵の東京の客人の姿を想像するにつけ、〝気は優しくて、力持ち〞な検非違使の末裔は、こんなところにあるのでは、と思ったものであるが、読者は如何に哉である。

（二〇〇二）

〝臨床〟雑感

臨床という言葉が日本の学界で大流行である。昔から広く知られているのは臨床医学であろう。臨床とは床に病む人に医者が直接に臨む行為をさすからである。精神医学に近い臨床心理学も六十年ほどの歴史をもつが、今日では相当に知られるようになった。

しかしこの世の物質文明の便利さと過剰さは、人々をストレス状況に追い込み、無気力化させたり、短絡化させたりして、実生活に寄与するはずの学問を空洞化させ、この臨床という言葉(考え方)を取り込ませているようだ。臨床心理学はともかく、臨床経済学、臨床教育学、臨床社会学、臨床福祉学等がそれである。

マルクスとケインズに明け暮れた経済学が今日のわれわれの実生活にどれだけ寄与したのか。戦艦大和のような大銀行がＩＴシステムの虚構に今崩壊の危機にあるという。現金《キャッシュ》を見ない《レス》経済学は、インフレだろうがデフレだろうが、国民の心情とは無関係に株価に一喜一憂させて倦むことを知らない。生身の人間に直接ふれる経済学を臨床経済学として再生させようとしている。

授業崩壊と不登校に病む教育現場に資するべき教育学はどうなのか。生身の子どもにふれた実践学を求めて臨床教育学たろうとしている。福祉学は人に幸福をもたらす実践学である。実践性のほころびを臨床福祉学であがなうのか……。

さて、ここで今アメリカはイラクに大軍を投入しての戦争を始めようとしている。もし戦争学という学問があるとするならば、このイラク戦争は生身の人間が不在の電子戦争に仕立られようとしている。ボタン戦争は恐るべき非人間的な行為の究極像である。せめてもの臨床戦争学(science of clinical war) にならないのか。八百年前、熊谷直実《くまがいなおざね》が平家の若武者平敦盛《たいらのあつもり》（十六歳）の首を断腸の思いで掻き切った一の谷の戦を今に伝えている。この悲劇の伝承は、臨床戦争学の眼《まなこ》があったからではあるまいか。


（二〇〇三）

京都北山の森の話

千年の都、京都には、何かと語り伝えたいことがある。ハードな様々の建造物は、それを生み出した栄枯盛衰の人間の歴史の物語として尽きない血を湧かせ、文化を語らせる。まことに結構なお話である。しかし、今回は、いささか切り口の異なる京都北山の森の話である。京都女子大学の微生物学を専門にされる高桑進博士から贈られてきた近著『京女の森』（ナカニシヤ出版）大原の尾越《おごせ》森の受け売りの話である。

高桑さんは、平成二年頃から、コツコツと五年以上の専門の目《まなこ》をもって自然観察を重ねられ、京都のこんな近くの森に、千年の都の物語にも勝るとも劣らない話を語って下さるのである。約二十四ヘクタールの尾越の森のことだが、この山林に、四百種の植物と八百種以上の甲虫と七十五種類の野鳥、十八種類のカエルやヘビと十五種類の哺乳類や四種類の魚類が分布し確認されるという。したがって四〇〇×八〇〇×七五×一八×一五×四＝二五九兆二千万通りの関係が考えられる。加えて、深山を覆う樹木の裾には数知れない菌類（マツタケ等）や微生物が生きているから、その拡大にして複雑な生態系の生き様は、こんな限られた小宇宙でも、到底従来からの自然科学観では把握し、理解することはできない姿があるのである。東山七条の京都女子大学から三十キロほど北にある標高六四〇～八三〇メートルの自然林で、冬は一メートル以上の積雪に沈黙する森が、三月から四月の雪解けにかけて、紫立ちたる山々の輝きを増し、やがてウグイスやセキレイの巣作りと美しいさえづりを伝える尾越物語は、京の奥座敷の庭というには、そぐわない深山の吐息のようである。樹齢数百年の二ノ谷の尾根にある赤松の大木が、ひときわ眺望されるらしいが、これは、「尾越の女王」というらしい。いささか話が下界におりてしまうが、赤松に共生する菌こそ、マツタケで、赤松の林とマツタケの相関関係を語られると、俄に京の奥座敷の秋の味覚のかぐわしさを失した京懐石の悲しい話になって厄介である。

（二〇〇三）

正解のない問題へ挑戦させよう

今日の子どもの危機の回避のポイントは、心身共に将来に向けての望ましい発達をどれだけ保障するかのなかにある。食にみる環境汚染に毒された、さまざまの農水産物やその加工食品の偏食。過剰な無菌生活環境がもたらす子どもの身体へのダメージは恐ろしい。アトピー反応に病む無垢《むく》な子どもの悲痛な姿一つとりあげてみても言葉はない。酸性化させた体調は些細な刺激にカッとなって、キレたという。

食生活からみた負の環境論を述べるのは比較的易しい。だが精神文化の影響を語るとなると、なかなか難しい。変な主義主張がばっこするからである。しかし戦後五十年以上経過して、そのツケのような子どもの教育成果は、まぎれもない実証的事実として示されているだけに、先送りして回避するわけにはいかない。その一つが子どもの教育に唯一の正解がある問題のみにこだわるマニュアル式教育に埋没しないことだ。確かに正しいモデルを読み書き算数でバッチリと教え込むことは大切以上に大切である。しかし、これだけ豊かで多様な社会を構築した今日の状況では既存の事実を如何に組み合わせ、結論を導き出すかの「唯一の正解」主義では何の成果ももたらさない。いわば正解のある問題は、教えられた知識を、どれだけ速く再生して組み合わせるかの一種の情報処理能力に関係しているに過ぎない。こんなものはパソコンに任せておけばよいのである。

未来を保障する人間力はパソコン的処理能力も基礎的には求められるが、根本は、あらゆる既存の情報・知識を集合・分解して再統合するところにある。一種の創造活動の創出に向けての教育が求められるのである。「正解のある問題」をいくら与えても、子どもの心の展開力は作動しない。せいぜいテレビゲームに熱中するぐらいが落ちである。与えるべきは「正解のない問題」を中学時代から漸増させ、高校時代から大学時代にかけてピークにもっていくことである。正解が先にあるHOW・TOマニュアルの時代は、とっくに去ったのである。

(二〇〇三)

レジャー・ホテル――エレヴェーター親子断想

梅雨明けもなく終ろうとする東北の夏も気味悪いが、昨今の不順の夏場に遊園地やプールに隣接する複合型レジャーホテルの筆者の体験は、不愉快を通り越して暗たんとした思いにさせられる。夏場で偶然東西四カ所の似たようなホテルで経験した断想である。

元気な灼熱の屋外施設での活動阻害も関係しているのか、どのホテルも二十階から四十階の高層階エレヴェーターで遭遇する四~五歳くらいの幼児の逸脱行動と、それに無関心な親達のことである。申し合わせたようにエレヴェーターの乗降階ボタン・ナンバーを無分別に押しまくるのである。数覚えの玩具のキーでもあるまい。見かねた筆者は「そんなことしたらエレヴェーターさんは困ってしまって動かなくなるよ……」と言ったものである。しかし親は全く無関心である。ある場合には、夫婦で筆者を「いらぬお世話」と言わんばかりにニラム御仁もおられるから大変である。

二度の注意で何とか収まるのはよい方である。二十年ほど昔の似たような話で「……そら、恐いオッチャンが怒ってはるえ！　止めとかなあかん……」と注意する親の主体性を欠く問題点を指摘したものである。子どもは自分（親）の責任で注意する時に養育効果が期待されるのであると……。しかし、こんな時代もとっくに去ってしまったようだ。筆者の見かねた注意も、高層ホテルのエリート（？）ファミリーを想定してのかかわりで、「ニラム」だけで済んだのは良とすべきという。「知らぬが佛」を決め込む時代になって久しいともいう。しかし、こうも世の子ども教育の無責任さが横行することは、不況克服問題より、はるかに重大な根本問題である。長崎の中一少年の幼児殺人事件も、埼玉の少年・少女の若者四人拉致殺傷事件も、質と構造は一見異なるように見えても、その根幹はホテルの親と子も、無頼の少年少女も同一である。ホテルの親はニラムかもしれないが、そうなのである。

（二〇〇三）

出口調査という虚妄

二年半ぶりに衆議員の選挙が実施された。しかし今回の大騒ぎの選挙に釈然としないのは、出口調査という情報メディアの行為である。また六十万人ともいわれる調査の対象となった善良なる投票された方々の心の不全感である。午後八時の投票締切の瞬間に開票率が零であるにもかかわらずテレビは「当選確実」を伝えている。ご丁寧にも万歳を叫び、最敬礼をされている当選者（?）の姿を報ずる画面は異様でさえある。

そもそも投票行為は、一人ひとりの独立した国民的義務であり、権利である。だからこそ投票の終了するまで公開してはならないのである。しかも各個人の守秘義務に担保されて、この投票行為は執行されることを旨としている。にもかかわらず、メディアの出口調査が公明正大なる世論調査であるが如く、投票者の投票結果を聴取し、開票の瞬間に、これを当選確実と断ずるとは、いかがなものか……。

小泉首相を憮然とさせ、菅代表を喜ばせるのは御愛嬌である。しかし投票したはずの清き一票の思いは何処へ行ってしまったのか……。この出口調査の大々的な横行は、かっての何万何千何十何票と読みあげ、表記させる投票者の一票、一票を息づかせた状況を拡散させ、死滅させてしまった。

「土井たか子さんが落選し、田中真紀子さんが当選した」だけでは靴の上から痒きを掻くに似て、人々を気付かぬうちにイライラさせているのである。やがて、それは理由なき孤立と無口の世界へと人々を誘うのである。選挙と情報メディアの大イベントは出口調査という虚妄を育て、その「姿なき暴力」を人々に浴びせているのである。

信じられない殺傷に及ぶ少年達の「……殺してみたかった」「……血が出るのか試してみたかった」という、つぶやきを解く鍵は「出口調査の虚妄」にあったというと、いかにも「風が吹けば桶屋が儲かる」話に似ているようである。しかし、そうでもないところに虚妄の普遍化がもたらす現代の恐ろしさを気付かせるのである。

（二〇〇四）

性アイデンティティの危機

〝人間とは何か〟という問いにはなかなか正確な答えはないものである。とくに人間の性《さが》については、その人の生きている時代精神・文化の影響をもろに受けて複雑である。国をあげて男女共同参画社会の推進により、男は「男らしく」女は「女らしく」とは、どうも短絡した平等思想もからんで大きな声では言いにくくなっているらしい。もとより、このことによって男尊女卑という謂われのない差別思想と同根であると早とちりの誤解があってはならない。案ずるのは「ジェンダー・フリー」の美名に隠れて、本来的にもっている男性性、女性性の尊重されるべき性性（セクシャリティ）の拡散によって、まさに去勢されたような人格が、この日本を覆い出しているることである。

男は限りなく主体性を欠き、女は限りなく男性化して倦むことを知らない。義務教育段階での性性の拡散は、このことを決定的にさせているようだ。運動会の男女別競技の拡散・消滅、授業内容の基本的性差と性差別を混同した教育環境は深刻である。男女混合名簿は大学や大学院では極く普通である。この時期は、ほぼ性アイデンティティが確立しているからである。しかし小学校段階の性潜伏期に「女男混合名簿」と言い換えて、マージャンのパイを、ガラガラとしたようなリストはいかがなものか……。女の子が男の子の凶悪非行件数を猛追して止まない根源であるとはいうまい。

大新聞の社説が、今年の二月十七日の紙上で公表された日本青少年研究所の日、米、中、韓四カ国の高校生を対象にした「男らしさ」「女らしさ」調査の結果について「男性優位も性の否定も間違いだ」と大論陣を張っている。まことに恐ろしいことである。「女は女らしくすべきだ」の設問で肯定した日本の高校生は一八・四％であるが、中国は七一・六％、米国は五八％、韓国は四七・七％という。「男らしく」についても肯定は、日本は四三・四％、中国は八一・一％、米国六三・五％、韓国五四・九％で、日本だけ唯一両設問に半数を割り込んでいる。加えて「結婚前は純潔を守るべき」との設問に肯定するのも三三・三％で最低である（米国五二、韓国七三、中国七五％）。世の道学者を憤激させる資料以前の根本的危機像である。

（二〇〇四）

朝青龍、三十五連勝ストップ雑感

「貴乃花」も引退して、大相撲の人気はもう一つである。モンゴル出身の「朝青龍」が三十連勝をひっさげて多少の興味を呼んだ夏場所も、三十五連勝でストップして、いささか拍子ぬけである。再挑戦の七日目は変なパフォーマンスで人気のあるらしい「高見盛」を相手に、ストップのうっ憤ばらしが過ぎたのか……。勝つには勝ったが腰椎の筋肉挫傷で本当のストップになりかかった。「朝青龍」を三十五連勝で止めた唯一の七連勝中の「北勝力」も、その前日までは相撲道にもとる相手との目線をそらす、仕切りのマナーの悪さを注意されての土俵であった。「魁皇」「武双山」「千代大海」の三大関総なめに加えての快挙といえそうだが、どうも、もう一つしっくりしない。

筆者の子ども心を沸かせた六十九連勝の双葉山はもとより、安芸海、羽黒山の時代はともかく、大鵬の四十五連勝、千代の富士の五十三連勝、四度の連続場所優勝を飾る貴乃花の勇姿は秀逸である。

厳しい扱《しご》きに耐えて番付のランクを上げていく大相撲のプロ・スポーツとしての今日的状況は、かつてのハングリー精神がもたらす壮挙とは結び付きにくくなっている。とりわけ日本の若者にとっては、そのようである。

地方の日本、都会の日本を経て、ハワイ（米国）→モンゴル（東アジア）→東欧へと、横綱を張る力士達の出身地が微妙に変転している様は気になる。東欧は筆者の仮説であるけれど……。

しかし、この変転が大食いの肥満の「あんこ形」によって担保されているようでは大相撲の前途も多難である。四十八手は歴史上の話となって「押し出し」と「寄り切り」だけでは、どうしようもない。現在の幕内四十二人の全力士のほとんどが百六十キロ、四十二貫を超えているのは異常でさえある。「千代の富士」も「大鵬」も「初代若乃花」も「栃錦」も、百三十キロ三十五貫を超える力士はいない。すべて四十八手の使い手である。とん挫した「朝青龍」も、この仲間に入る。モンゴルの先輩力士「旭鷲山」とも仲良くして、相撲道を極わめる大横綱になってほしいものである。日本の若者のためにも。

（二〇〇四）

表意文字『念力』

念願のアテネ・オリンピックの日本選手の出場は、予想以上（?）の大活躍で、話題をさらっているようだ。午前一時から明け方までの深夜放映は、人々を寝不足にさせるが、勝てば官軍である。ことに選手出身地の人々を熱狂歓喜させているから恨みっこ無しだろう。

ところで、こうした大試合に向けて、頑張り続ける選手の最後を決めるのは、その優れた素質を引き出し、合理的な技術を磨き、的確に適応させる力を発揮させる情念にあるようだ。情念とは、心に湧き出てくる今の心。つまり念力そのものの具現者に自らを没入させる世界である。邪念を捨てて、勝利への信念を持ち、念々することにある。念々《ねんねん》とは、常に今の心を思いつづけることである。興味深いことに、今の心、つまり念々の姿は念力となって、その選手から放出される念力そのものを応援する人々に、実に的確に感じさせるものである。

平泳ぎ百メートル、二百メートルを制覇し、メイン・ポールに日の丸を掲げさせ、金メダルを獲得した北島康介や、女子八百メートル自由形の柴田亜衣などは、その最たるものだろう。柔道のベテラン谷亮子は、もとより、谷本歩実（六十三キロ）、上野雅恵（七十キロ）、阿武《あんの》教子（七十八キロ）、有終の美を飾った塚田真希や、男子百キロ超級の鈴木桂治選手らの目白押しの金メダルに至る姿は、そうである。それなのに、一敗地にまみれた井上康生は、柔《やわら》の大将をもって任じていたのに、その念力の消退は見るも哀れである。今の心を欠くことの厳しさを、改めて痛感させる。

「表音文字」ではなく、「表意文字」としてのキー・ワード、今の心の力、「念力」のすごさを想起させるアテネ・オリンピック経過中の雑感である。後半にも、今の心の賛歌に湧くことを祈りたい。それにしても、今日の技術と物の飽和状態は、よけいに「念力」、今の心の大切さを教えているようにも見える。欠乏と貧困を「念力」で補てんする単なる精神主義とは無縁の話であることは言うまでもない。

（二〇〇四）

保護・安全・平等の呪い

不登校の小・中学生が十三万人。働く意欲を持たない青年（ニート）が五十二万人。日本の将来を安ずる恐ろしい数字である。為政者とは無縁な筆者などは、自らの老後を安ずるくらいが関の山である。

しかし多くの若者が、あたら己が人生を無為に過ごす姿は人間を生きる多少の先輩として看過できない。

「そんなことホットイテくれ！」という若者には何も心配は無用である。無為の中にこそ若者の秘めた苦悩と洞察があるからである。問題は「ホットイテくれ」と言わない、保護と安全と平等の美名に埋没して自らを失っていった若者達である。

一言《ひとこと》で、この「保護」と「安全」と「平等」への耽溺《たんでき》は、人間を無刺激な条件下に置くことと同じであるようだ。砂漠の果てに迷い込むと、そのホモジニアス（等質・平等）な外界刺激（環境）

は、やがて不安を催し、幻覚と妄想の世界に誘い、脱出をあきらめた無気力の世界を経て死に至らしめる。

いつも言うことだが、新幹線の一号車から十号車くらいまでの移動は、すべて「開けゴマー」と言わなくても可能である。考えてみると恐ろしい保護と安全の自動ドア文化の虚構性である。グリーンの八号車くらいから、「ここは何処」と狐につままれたような錯覚を覚え、やがて離人症的（感情失調）体験を催すから厄介である。賞味期限ラベルを唯一の安全とする食文化システムも、人体の生理的防衛システムを鈍化させ、やがて人を無感動人間へと誘う。深夜の青信号で交通事故に遭うシステムも、のろわしい。「男性や女性である前に人間として……」と言われると自己アイデンティティは、たじろぐのが人間の本心である。

五十二万の若者は、「保護」と「安全」と「平等」にのろわれる如く、不幸な「自分捜しの旅」に出ているのではあるまいか……。

保護も安全も平等も大切である。しかし、この重要なものには常にその影がある。この影こそ「怠惰」である。自分は自分で自分を守るシステムを造ることへの誘いこそ若者への最大の贈り物である。

（二〇〇五）

災害の悲劇に思うこと

〝天災は忘れた頃に来る〟とは物理学者寺田寅彦の有名な言葉である。しかし昨今の災害の状況は〝忘れない内に来る〟とでも言った方がよさそうである。中越・福岡県西方沖地震にみる自然災害の破壊的悲劇の状況は記憶に新しいが、今回は典型的な人災ともみなされるＪＲ西日本の快速電車の脱線、マンション突入大破事故である。百七名の死者、五百名以上の傷害者という。被災者や家族関係者の無念の思いが伝わって言葉もない。社長や安全部長がテレビ画面で何回頭を下げられても、どうしようもない。

少なくとも遺族や被災者の心の傷に、どう対処するのか……。筆者などその筋の人間は頭をめぐらし、関係者の協力と幅広い援助活動の展開を進めようとする。ＰＴＳＤ（心的外傷後ストレス障害）として一般にも知られるようになった心の傷への支援である。身体障害の支援に優るとも劣らない近親者や職場・学校の仲間達の適切な心遣いも、心の傷（トラウマ）を癒すための重要な資源である。

愛する夫や妻、息子や娘の喪失に伴う悲しみの深層心理学的な心の変化過程はモーニング・ワーク（喪の作業）として経過する。

①対象喪失を予期する段階、②対象を失う段階、③無感動・無感覚になる段階、④喪失を怒り、対象を探し求め、その喪失を認めない思いが交互に出現する段階、⑤対象喪失を受容する段階、⑥対象を自ら放棄する段階、⑦新たな対象の発見や回復の段階である。

誰もがこの喪の作業経過をたどるとは限らない。しかし災害に心を痛める人々への支援にかかわる臨床心理士達の貴重な実践報告はモーニング・ワークと、その変転経過の事実を再確認させている。しかも痛ましいネガティブな段階から再生する潜在能力の創出性には注目させるものがある。実は、この潜在力への括目体験がモーニング・ワークの支援をささえ、絶望と怒りを癒しへ誘うエッセンスなのである。

（二〇〇五）

八月十五日断想

現身（ウツセミ）が、そぞろ空蝉（ウツセミ）にみる、もぬけの殻の姿に、己が人生の意味が何であったのか……。鬱然《うつぜん》たる思いになることがある。老後の人の想いのようでもあるが、盆、八月十五日は、第二次世界大戦の終戦の日とも重なり、何かとかしましく、また、悲劇と無念の淵に佇《たたず》んで鬱然ともなる。今年は終戦六十周年とやらで、よけいに騒々しい鎮魂の物語が語られると、うらめしさがつのるばかりである。現身《うつせみ》は、いづれ誰しも空蝉になって、虚空に散ってしまうのである。したり顔で、〃戦争〃と〃平和〃を語られるのが、もっともおぞましい。

空蝉の如く、ただ八月十五日は、だまって、一人ひとりの心のままに、時を支えればそれでよいのである。もう来年からは、一切〃ナシ〃こそ、鎮魂の鎮魂への道だろう。

四百三十五年前、近江の姉川を血に染めて、織田軍と朝倉・浅井連合軍が戦った。姉川に散った雑兵や家族の無念と無情は、いかばかりか。

元亀元年（一五七〇年）六月の雨は、姉川の血の海を薄め切れたかどうか……。人間の業《ごう》に、空蝉の殻が散る。無言の現代人（ウツセミ）からの鎮魂の吐息である。

人間の業は、四百年経っても同じことが続いている。最近改めて知ったことだが、ドイツ、ナチス軍のアウシュヴィッツ強制収容所でのガス室への道は、悪虐非道の暴挙として糾弾の最たる悲劇として語り伝えられている。『アンネの日記』も、その傍証《ぼうしょう》物語のようなものである。

しかし、この虐殺行為への対象となった人々。つまりユダヤ人の地球上からの抹殺であったにしても、よくも家族構成の血統関係を調べ上げ、ユダヤ系の人々を子ども、大人も個別化（個人名確認）して、ガス室へ誘《いざな》ったことである。

アメリカは、百万の米兵を救うために、日本人がたくさんいるらしい広島市と長崎市にピカ・ドンで、あの世に人々を送った。ドイツは集団マニアック的に、アメリカは凡人的にというべきか……。

戦争の営みは、まことに非情・残酷である。

（二〇〇五）

ナノの世界から小泉内閣へ

何百兆といわれる細胞が、われわれ人間の身体を構成している。しかもそれらの細胞のつながりと構成が実に精緻に出来上がっているといわれる。一つの細胞でも、それを構成するナノ単位（十億分の一）の極微の蛋白質の位置が何らかの事情で変化して乱れると、欠陥状況や不具合を招来させ、われわれを病人に仕立ててしまう。人間という有機体は、この無限に近い構成物体の位置がどのように安定的に定まっているかによって、その存立を担保しているのである。

どうやら、このことは人間一人ひとりの社会という名の生活空間でも、どのようにさまざまの組織社会（会社・学校等々）のなかで個人が位置づけられ、また位置づこうかと行動化させる原点的モデルを示唆しているようで興味深い。単なるアナロジーでないところもコワイ話なのである。

「座り」のよい人、悪い人もあれば、主席と次席といった役職の呼称も大変示唆的である。今回の第三次小泉内閣の各担当大臣のかなえの軽重を示す衆参両本会議での閣僚位置に注目したい。解説によれば中央演壇をはさんで左側の第一席は、首相である小泉純一郎氏であることは言うまでもない。右側の第一席はこの内閣のナンバー二となる中川昭一農相である。以下左右にその席順位置が定められている。左側の首相の隣に谷垣財務相、麻生外相、与謝野経済財政・金融相、安倍官房長官……と続く。この内閣の重鎮の面々であるらしい。右側は中川農相の隣から北側国土交通相、川崎厚生労働相、二階経済産業相……と続く。最後は左右それぞれ小坂文部科学相と猪口邦子少子化・男女共同参画相である。

新設、新人の猪口さんはともかく、国家百年の基礎とも言うべき教育の担当相小坂さんが殿《しんがり》とは様になるかどうか……。小泉新内閣のサプライズか……。国の病理を悪化させないことを祈るばかりである。

（二〇〇六）

心のスクラップあんどビルディング

〝スクラップあんどビルディング〟とは二十世紀百年の文明の異常発展をもたらしたキー・ワードの一つのようだ。土と木と紙とワラで出来た民家をブルドーザーで綺麗さっぱり打ち砕き、新地（さらち）に高層ビルが林立するイメージである。

しかし、このイメージも高機能高層ビルの利便性は、必ずしも人間を幸福にさせるとは限らないことを十分に気付かせ始めている。

ところで、この明白に把握できる物質的スクラップとビルディングの話はともかくとして、あえて言えば心のスクラップあんどビルディングについて考えてみたいのだ。戦後六十年が経ってしまった。日本人の秘めた骨格ともみなされていた自己抑制（謙譲の美徳）と畏敬の念（長幼の序）、そして自信（誇り）は、ほぼ完全にスクラップ化され、その新地には自由（身勝手）と平等（不公正）と民主主義（多数決主義）が跋扈《ばっこ》してはばからない状況をもたらしている。

文字通りの民主主義の讃歌の時代は、とっくに過去の話である。現代は〝世論〟即〝マス・メディア〟の時代として、この思潮を引き継ぎ、人を脅かしている。大事故や疑獄事件や不正行為が頻発し、テレビ画面で、その代表とされる人々が取材記者に、バッタの如くおじぎをされている姿は異様でさえある。「あやまる人」「あやまらせる人」の卑しさが去来して悲しい。幼稚園児の親の子育て不安から、吾が子と無理心中する母親ではない。吾が子のお友達（園児）を二人も、有無も言わせず数十回も切りつけ殺害し、農道に放り捨てる暴挙は、たとえ彼女にどんな事情があったにしろ、断じて許されるものではない。この残虐な悲劇を「……私の不徳の致すところです……」と、マス・メディアに頭を垂れておられる教育長はどういう事なのか……。これもスクラップの果てにビルディングした、日本の教育のたどり着いた姿なのか……。人ごとではない。アメリカ心理学の直輸入は「アサーション（健全な自己主張）・トレーニングの活用を対人関係技法に取り入れようとしている。日本の実践的心理学にピッタリの技法であるかどうか……。

（二〇〇六）

デフレからインフレ断想

デフレーションとは、お金がその需要量に比して過度に縮小することをいうらしい。物価が上がらず、むしろ下がるからよさそうに見えるが、実際は生産活動が縮小して、企業が潰れ、失業者が街にあふれ、社会不安を招くからよろしくないという。

事実、この十年以上の長きにわたって、日本社会はデフレーションの大波に洗われ元気がなくなっていった。しかし、ようやくこのデフレの悪夢（?）から抜け出て、失業者は減少し、この四月の新入社員の就職率は格段の改善をみているという。物価も、株価も好調で、いよいよ零金《ぜろ》利の解除も身近にあるという。

素人には判然としないが、物価はなだらかに上昇するをもって良しとする現実を迎えるらしい。金利や給料の上昇と物価の上昇が並行する限り、何の文句もなさそうだが、そう単純でないことは、素人目にも分かっているだけに、それこそデフレからの脱却は、社会不安を別の型でもたらすのではなかろうか……。

恐らくこうした不安や実情については、しかるべき経済専門用語があるのだろうが、そんなことはどうでもよい。確かなことは、山のような物の氾濫と消費が一層日常化し、それを支える現金活動（行動）が、ほとんどＩＴ化され、文字通りキャッシュ・レスの世界に埋没して己を見失うところにある。

ライブドアの沈没は、その序章であったようだが、シンガポールへ国外脱出（？）した阪神の俄《にわ》か大株主の行動も、デフレからインフレの狭間に咲いた徒花《あだばな》と言えば叱られるかどうか……。阪急側と、にわか大株主との株売買価格の段差は、五百億円になるという。この言辞が読者にふれる頃には、百億か、六百億か。それとも零となって破談しているかも知れない。

しかし、論旨がそれてしまって汗顔だが、甲子園球場の大改修に、七十年かけて文化財的ともなった「ツタ」を十株ほど残して、再生のチャンスを与えることになったという。請負庭師は植木屋冥利と感激している由。世は様々である。


（二〇〇六）

学校臨床心理士《スクールカウンセラー》、報告論集から

臨床心理士がスクールカウンセラーとして全国公立中学校等一万校近くに、五千人余が配置されて児童・生徒の心の支援にかかわっている。この事業が始まって十年になる。最近筆者に寄せられた二百頁におよぶ報告論集、とりわけ校内暴力や非行の日常化にどう対応するかの報告は示唆に富む内容である。

校長、教頭、担任教員の先生方がスクールカウンセラーとの協働作業（コラボレーション）で、沈静化するプロセスの報告は、知る人ぞ知る悪戦苦闘の連続から生まれるささやかな安堵《あんど》に至る光の道であるようだ。子どもにかかわる臨床心理士は、多くは経験と学習から、ストレートに生徒や親へかかわるカウンセリング的寄与よりも、第三者的専門相談者としてのコンサルテーション的かかわりを旨とすることの方が有効であることを指摘する。

校内暴力は単に学校内の問題で結着するとは限らない。自浄力の欠落は、教師の一致した認識を踏まえて、所轄教育委員会や警察署に連携的にかかわりを求めることの大切さを教えている。問題を学校内で内々に処理しようとする一種の事なかれ主義や、警察へのアレルギー的嫌悪感も、関係者それぞれの気持ちを充分尊重しながら、最も払拭していかなければならない常識であるという。こうしたセンスを生み出す力は、恐らくコンサルティング的かかわりの成果といえよう。対象となる問題に学校組織のメイン・メンバーではない、いわゆる外部からかかわる専門家臨床心理士なるが故のメリットとも言えそうである。

実は学校の先生方は、ひとりひとりの児童・生徒を大切にしようとする一方で、学級や学年の集団としてのまとまりを大切にしようとする二律背反の狭間にあってがんばっておられるのである。個人的カウンセリングに徹する臨床心理士が、共通項的価値観を求めて協力しようとするコンサルタント的かかわりが、この二律背反の苦汁の問題解決に寄与する秘密がありそうである。

（二〇〇六）

「いじめられっ子」を救うために……

いじめに悩み、死を急ぐ多くの中学生は、日本中の大人達をはらはらさせ、悲しませている。情報過多時代の不幸もありそうだが、本人一人ひとりの〝くやしさ〟と〝無念〟。〝ふがいなさ〟と〝淋しさ〟は少年達を孤立させ、悲しみと無言の世界へ誘《いざな》っていく。学校の先生方はもちろんのこと、親にとっても、どうかかわったものか……。おろおろさせられるばかりである。

マス・コミが騒げば騒ぐほど教育委員会の先生方を引きずり出して、バッタのようなおわび会見をテレビの前で何回しても、子ども達は生きかえるわけでもない。校長先生が涙ながらに、全生徒に〝……命の大切さ〟を叫んでみても「いじめ」の不幸は絶えるものでもない。

重要なことは、孤立し、無口となった〝いじめられっ子〟をどう孤立の淵から救い出すかにある。もとより、悪い子らを再教育し、仲良しグループを作ることこそ最善であると思っていても、誰も実現不能な厳しい現実であることを知っている。しかし、スクールカウンセラーの心の専門家達は長年の経験知から、ただ黙って沈黙と拒否の牙城にうなだれて面接の時間がどれだけ流れようとも、「担任の先生に相談したの……?」「お母さんは君のことを知っているの……?」「いつ頃からこんな思いつめて無口になったの……?」といった将《まさ》に愚問はしないものである。

現代科学のモデルとする客観性と実証性を求め、因果律の明確化によって、人の死を阻止できるとする考え方は、自らの意志で、自らの生（いのち）を絶とうとする人にとって如何に笑止な問いであるかに気付くことも大切である。いわゆる実証的アプローチに対するひとりひとりの固有な生き様に関する物語的（ナラティブ）アプローチこそ有効な援助技法であるようだ。言語的アプローチにこだわらず、さまざまの描画や造形技法を通じたわずかなコミュニケートも孤立から回帰の扉を開く契機となることも注目したい。スクールカウンセラーの増員が緊急措置として決まったという。いじめの不幸に有効であることを祈りたい。

（二〇〇七）

人間は何処から来たのか……追求から原点にもどる安堵と不安

筆者が高校から大学に入ろうとする頃からであるから六十年ほど前の話から始まる。フロイトを勉強していた婦人科医安田徳太郎の〝人間の歴史〟シリーズの斬新《ざんしん》な切り口に感動した時代である。ソヴィエト派生物学者八杉龍一の〝人間生物学〟の記述にも、生きた人間像に接近しようとする素朴な気持ちをつとに育ませた。

その影響とは言うまいが、自分自身の存在は父母があってのこと。その父母もまた、それぞれの父母に由来している。このまぎれもない遡及《そきゅう》への旅は人類発生の謎への答えを求めて彷徨《うろうろ》させた。しかしその生命体を生み出したのは地球があっての話ではないのか……。関心は宇宙創造の科学へと進んだ。天文学への肥大である。すでに五年以上の果てない遡及の旅は続いていた。今日ほど豊かで多様な知見の成果を見なかった時代がそうさせたのか、筆者の未熟さ故か……。

太陽系の大爆発で形成された地球や火星や水星……の自転の意義や生命体の存在の有無が那

辺にあるかと巡らしていた時、はたと気付いた。そうしたことを、あれこれ考えていることの作用こそ那辺にあるのかを気付かせたのである。生命由来学から心理学への百八十度の大回転である。そして五十年後の現在思うのである。おそらく、この謎を求めての百八十度の回転は、実は三百六十度回転しての、つまり原点からの旅の出発であったように思うのである。ニューロン（脳神経細胞）と「心」の密接不可分の事実と機能が漸く解き明かされそうになっている過程で、一ミリの十億分の一という「ナノ」の単位よりさらに小さい単位の想定を可能にさせる超極小の世界が、この宇宙を生成させ、それらは酸素（O）と炭素（C）と水素（H）の各分子と他の分子との加工により蛋白質を生み出し、それらの何百億年という時間の流れを経て、人間という「心」を持った蛋白質加工体をもたらしたのである。世界に自分自身以外は誰も他にいない厳粛な事実を改めて実感させ、落着かせるようでもあるが、また不安の深淵に追いやるから厄介である。

（二〇〇七）

びわ湖畔の断想

ここ半年ほど、びわ湖畔のなぎさ公園を家内と散策（ウォーキング？）することを朝の日課にしている。巧まざる足腰のトレーニングは、一日の始まりを元気に開かせるセレモニーのようで喜んでいる。しかし、早朝の渚に釣り糸をたれる人々の点景は、そぞろ六十五年以上も昔のジャコ釣りの子ども時代を想起させて沈うつにさせ、無口にさせてしまうようだ。湖畔の石積や船着場の杭柱《くいばしら》の側辺に釣り糸を投ずれば、確実にホン・モロコも、小ブナも、ボテジャコも、ハエも、鰉《ヒガイ》も釣れたものだ。しかし、この早朝の釣り人達は、ウドンの切り身のような擬似餌をつけて、ブラック・バスかブルーギルの五〜十センチほどの外来魚ばかりを釣って黙々としている。なぎさ歩道のコーナーに『ありがとう。ノー・リリース。外来魚回収ＢＯＸ』とあるのも、よけいに悲しくさせる。はるか沖にはアメリカンスタイルの一脚シート仕様のバス釣りボートがばっこしているからため息である。

外来種の爆発的な繁殖と生態系の根幹を脅かすこの実態は、びわ湖だけの問題ではない。太平洋上に隆起する日本列島生成五億年以来の深刻なテーマと、いえるかも知れない。本来、生態系を脅かす外来種は基本的に在来種を貪欲に食い荒らし、自らの生活圏を拡大しようとして倦むことを知らない。小笠原群島の父島・母島の話もその一つといえる。現在六百万匹以上に増えた北アメリカ原産のトカゲ（グリーンアノール）は、父島・母島のチョウとトンボを食い荒らし、その種の絶滅の危機に追い込んでいる。盛者必衰なら許容もされようが、いったん絶滅したら永劫に再生することは望めないだけに深刻である。

平成十七年六月に「特定外来生物被害防止法」が施行されたようだが、こうした法規制だけでは、なかなか解決は困難である。この種のテーマは、生活体固有の独自性と相互性に加えた歴史性をもふまえた市民教育の止揚とも言える地球人教育こそ求められるべきでは……と、思うのである。

（二〇〇七）

四百六十万分の一に思うこと

今年の土用のうなぎは、例年になく中国産薬剤効果をきらって国産うなぎに集中したそうだ。昨今は、うなぎに限らず、あらゆる食品の安全はもとより、自動車、電気製品等、全ての生活環境製品の品質保証と安全が強調されている。

しかし便利さの肥大は、物の本質を確実に認識することを、くもらせる性質があるようだ。松下電器産業系の松下電池工業が世界最大の携帯電話メーカー「ノキア」(フィンランド)に納品しているリチウムイオン充電池(BL－5C)が、充電中に発熱し、膨張し、携帯電話から外れる可能性があるので、全世界で約四千六百万個販売したので、これを回収・交換することになったという。世界で約百件、日本では二件、人災はなかったが充電池の異常発熱があったという。ご丁寧に日本の大新聞は、交換お問い合わせ先を紹介し、無償交換するという。このことでノキアと負担金の調整をする必要があるが、少なくとも数百億円の交換費用を投入しなければならず、大松下といえども経営の大ピンチになるという。

しかしである。世界で充電中に発熱して不具合になったのが、四千六百万個のうち一〇〇個ということは確率四百六十万分の一のことである。0・00002174……ということである。日本国内では十六万個出荷・販売して二件というから八万分の一、確率0・0000125である。全世界の危険度よりは相当に高いが、実際に、この数値はどういうことを意味するのか……。少し考え直してみる必要があるのではないか。松下さんが倒産するのも大変なことだが、回収された携帯電話のゴミの山はどう処置されるのか……。

このような確率危険は、むしろ誤謬《ごびゅう》率として極めて優秀な製品というべきかも知れない。五十年経った橋の危険率や、喫煙とガン発症の方がはるかに危険である。

いや飛躍して言おう。松下さんは百億円投入して頂いて、携帯電話の闇サイトに暗躍する殺人鬼の実体解明と予防システム構築に傾注されんことを。

（二〇〇七）

神の時間から生き物の時間へ

好きな事をしていると、あっという間に時間が過《す》ぎてしまう。関心のない事だと、なかなか時間は経《た》たない。これは心理的時間という。しかし、〝彼は時間を守る人間だ〟というと、これは心理的時間の話ではなくなる。〝絶対的時間〟と言われるニュートンの学説に基づき、万物に共通する一定の速度で、一直線上に流れる四次元に該当するところのものである。いわゆる時計が示す、絶対誰にも変わらない、物理的時間である。

十九世紀後半から二十世紀百年にかけて西洋自然科学の大発展をもたらした時間的認識の不動の成果に関するものである。何びともケチを付けるいわれはなさそうである。しかしである。この絶対時間とは、ニュートン説によれば神の決めたことの自然科学化で、確かに万物に共通する普遍的認識枠で、不都合はなさそうだが、すべてが先にあって、人間の内なるものを完全に無視したところに問題があったのではないか……。恐らく人間の不安も、この時間の絶対性と外部性に由来しているのではないか……。

物理学者でない生物学者が、さまざまの動物の生き様に寄せて、例えば東工大の本川達雄教授は、動物の心搏数や呼吸の周期を単位として計測されたものを「生物時間」として、時間は体重の四分の一乗に比例して長くなることを明らかにされ、ゾウの時間感覚とネズミのそれが、つまりゾウは一回の心搏に三秒かかり、ネズミは一回に〇・一秒もかからないほど早い。しかし、どちらもひと呼吸する間に心臓は同じ回数だけ打つことに注目され、七十年生きるゾウと、三年生きるネズミの寿命という時間を、心臓の時間で割ってみると、いずれも約十五億回の心搏で死を迎えることが明らかになるといわれる。どうやら人間も含め哺乳動物はみな十五億回を一生として生きているらしい。重要なことは、種によって時間感覚は異なることである。

十年生きる愛犬は、ネズミよりはセッカチではない。しかし、人間よりは相当にセッカチでありそうである。時間科学が漸《ようや》く生物学へ、そして人間科学へ光を与えようとする話である。

(二〇〇八)

九月十一日奇談

人間科学の常識はバイオ（生物科学）、サイコ（心理学）およびソシオ（社会学、環境学）の三つの学問領域の統合に、その学問的パラダイム（視野・枠組み）があると考えられている。ことに心を病む人々にカウンセリング等の専門的働きかけをして、悩み、苦しむ人の自立に寄与しようとする臨床心理士にとっては、この三つの領域の統合的な視点からの働きかけを不可欠としている。しかし実際に有効な援助をもたらすのは、如何に冷静で、客観的で、三人称的な、いわゆる科学的なアプローチが強調されようとも、人間科学的かかわりからは、本来、再現不可能な一回限りの相互関係であることの深い認識によってのみ可能であることに気付かせるのである。つまり「A」という刺激を与えたら、必ず「A」という反応が生ずるとは限らない、という事実を知っておくことである。このことは、百人いれば、百人がそれぞれ個別的な意味付けをしているのが人間であることを承知しておくことである。

九月十一日は一年の第二百五十四日目である。二、五、四の和は十一となり、九、一、一の和も十一、九月十一日以降の一年の残り日数は百十一日。倒壊したニューヨークの貿易センタービルの二棟は十一に見え、衝突した最初の旅客機は十一便だった。テロに関連するNew York City、Afghanistan、The Pentagonの三語はすべて十一文字。この特記された特徴には何か意味があるのか……。二度あることは三度ある。十三日の金曜日には入院するまい。四号室の病室は禁句。に似て、人にはそれぞれの思いがあるようだが、呵々《かか》として無関心の人もいる。この九月十一日の奇談を、意味なし、と喝破する無神論者の米テンプル大のJ・A・パウロス教授（数学専攻）もおられる。

二十一世紀の有効な人間科学のパラダイムは、二十世紀に大発展した自然科学の病理性を癒すように第四の視座として、スピリチュアルな世界に無関心であってはならないことを教えるのである。スピリチュアルとは不可知、不可視な現象に留意するセンスである。

（二〇〇八）

第４部
臨床心理学原論
補遺

スピリチュアルな体験から示唆されること

1. はじめに

本小論は、筆者が一年七カ月前（二〇〇六年十一月十二日）に急性出血性胃潰瘍で緊急入院し、その三日目に一種の臨死体験（near-death experience）または神秘体験（mystical experience）と見做される自己体験を素材に考えてみようとするものである。

胃壁の動脈毛細血管からの出血による意識朦朧の状態下にあって、病臥する病室の天井に百済観音菩薩像らしき御仏が立ち現れ、しばしの神秘体験的な浮遊の時が流れた。

一方、この神秘体験前後の過程で、この現象とは無関係に治療処置としての外科的止血処置や輸血に加え、呼吸効果（酸素量の適正値）や血色素（ヘモグロビン）値が並行して記録された。それらの医学的検査知見も本論を進めるうえで重要な客観的資料として参考に加えることとした。

いずれにしろ、この希有な自己体験をふまえ、臨床心理士の実践教育に資するために構築してきた筆者の言う臨床心理学の多面的知識体系（大塚 二〇〇四、七七–九三）に、こうした人間のこころの機能（現象）としてのスピリチュアル（spiritual）なものが、どうかかわり、どういう示唆を与えるものなのか考察を試みたいと思うのである。

2. スピリチュアルな現象をめぐって

臨床心理学のアカデミックな対象として広く認識されていることは、われわれ人間の「こころ」と心得ている。ことに十九世紀後半から二十世紀にかけて、この対象とする「こころ」（心、魂、霊、mind, psyche, spirit, soul……）は、他のいわゆる自然科学と同じように対象化（三人称化）することによって、その実態を確認した。

アカデミックな科学（学問）の対象となり得るものを求めた心理学は、その不確かな状態を観察可能なさまざまな行動（behavior）として同定した。わが国の心理学の発展経過のなかで、他の学問と同様に、その近代化は東京大学の心理学科の発展史をサンプルに見てみても明らかである。筆者のつとに指摘する（大塚 二〇〇四、一六–一九）初代東京帝国大学心理学担当主任教授元良勇次郎（一八五八―一九一二）に始まる（一八八八）精神物理学に込められた実験心理学的認識の近代性と科学性を尊重しながらも、物理的エネルギーの諸変化としての心理的世界も、物理的世界も一元的に捉えようとした元良の洞察は無視されるべきではない。しかも元良の急逝（五十四歳）と東京帝国大学助教授 福来友吉（一八六九―一九五二）の超常現象（超能力、千里眼等）の実験をめぐっての騒動は、福来の休職（一九一三）、松本亦太郎助教授（当時京都帝国大学の初代教授でもあった。一八六五―一九四三）の二代目東大教授の就任（一九一二）の事実のなかに、いたく記銘されるべきものがあった。松本教授は、その就任に際しての後日談（一九三三）に、はっきり述べている。

「福来の事件によって失墜しかけた心理学教室の信頼回復を図るべく、正常の方法による正常の現象の研究を奨励した」と。

かくてわが国の心理学は、二元論的、観察的、法則定位的、いわば今日でいうデジタル的な操作的アプローチを旨とすることとなったのである。筆者もまた、こうしたわが国の心理学の亡霊とは言うまいが、その硬直した自然科学主義的認識のパラダイムにコミットし、やがて落担したものである。「生きた心」のあり方、とりわけ心を病む人々に心理学がどれだけ寄与することができるのか……。少なくとも〝心の科学〟たるためには、〝他者〟の〝生きる〟ということに、定量的な変数のみによらない影響性を明確化しなければならないことを痛感させるのである。

いずれにしろ、今日の臨床心理学は、こうした狭窄《きょうさく》した認識からの脱出を試みる一つの共通したパラダイムともいえる臨床心理学における生理（Bio）、心理（Psycho）、社会（Socio）の三つの多面的学問的視座の統合的理解が展開されている。アメリカ臨床心理学も、この三つのあり方に先導指向的立場を演じている。科学者―実践家（scientist-practitioner）モデルの採用である。この三つの理解枠は、今日的認識として妥当なものと考えられる。

しかし、個々の一人ひとり、心理臨床実践の前に立ち現れるクライエントの訴え、悩みの事実に、果たしてこの三つの認識枠で把え切れるかどうか……。いささか自信を欠くうらみなしとしない。いわば本論は、この自信のゆらぎにも応える第四の柱として、いわゆるスピリチュアルな現象（世界）を加えて人間理解の一助に資したいと思うのである。

ところで、このスピリチュアル、ないしスピリチュアリティ（spirituality）への関心はアメリカ臨床心理学にあっても一九六〇年代に、トランスパーソナル心理学（transpersonal psychology）の呼称にみるマズロー（Maslow, A.H 1908－1970）らの主張（一九六九）に明確に知ることができる。この見解は、いわゆる人間性心理学の一つの到達点として相当なインパクトを与え、心理療法家にも影響を与えた。しかし、この自己超越（trance personal）ということに、とりわけ日本の現代人の建て前的認識は、たとえばニュー・シャーマニズムの考え方についても不必要な無視や無関心といった潜在的な影響もあるのであろう。意外と今日、関心を寄せる人は限られている。また、この第四の勢力といわれたトランスパーソナル心理学の注目する至高体験、エクスタシー（恍惚感）、神秘体験等にみる超正常（?）というところの現象への強い関心は、人間の潜在力開発運動（human potential movement）といった社会運動体制に変化していった側面もあるようだ。日本の心理臨床家にとってなじみの深いロジャーズ（Rogers, C. R. 1903－1987）さえも、その晩年はエンカウンター・グループの社会化ともいえる国際紛争の解決に寄与する世界平和運動に傾倒されて果てられたようだ。

一方、今日の日本の臨床心理学の多面的な知識体系構築に少なからざる影響と示唆を与えてきたのはフロイト（Freud, S. 1856－1939）であり、ユング（Jung, C. G. 1875－1961）らの見解である。フロイトの言う超自我（Über Ich）も、単なる心的装置仮説のイド、自我から形成され、良心の座として人を支配する無意識機能にとどまるものではない。ここでいう第四のパラダイムとしてのスピリチュアルなものへの思考回路（circuit）を充分に内在させているとも言える。いわんやユングの考え方、いわゆるユング派の人々の力説する人類共通のアルカイックな普遍的無意識（集合的無意識）の認識から、たとえばヌミノース（Numinose）体験にみる記載は注目される。周知のドイツの神学者オットー（Otto, R. 1917）の言う聖なるものの体験に代えて価値中立的なものとして注目し、オットーはこのヌミノース体験は非合理的なもので、理性では把え切れることのできない超自然的な感情体験とみているという。しかもその感情体験の基礎に絶対他者ともみなされるべき存在を見出したともいう。ユングは、このヌミノース体験をめぐって、特殊な宗教的感情や現代人の夢、さらにやファンタジー等に残っていることの基礎的体験として注目した。また集合的無意識の内容として仮説する原始心像（primordial image）である元型（Archetype）に関連する意識水準の低下（意識変容）によって、このヌミノース体験が生ずることを示唆している。ユング心理学を通じた心理臨床実践にコミットする臨床心理士にとっても無関心でない心像体験の言語化であろう。

いわば超自我的仮説も、元型的布置にみる示唆も心理臨床実践に寄与しようとするスピリチュアルなものに無関心でないことを示唆するスタンスとして注目しておきたいと思う。

さらに、ここでフロイトやユングの見解に加えて、いわゆる深層心理学的アプローチの第三の柱として強調したレオポルド・ソンディ（Szondi, L. 1893－1986）の言う運命分析学（Schicksalsanalyse）に認識される見解についても付言しておこう。

本小論の動機となった一種のヌミノース体験に関連して、つまりスピリチュアルな視座への注

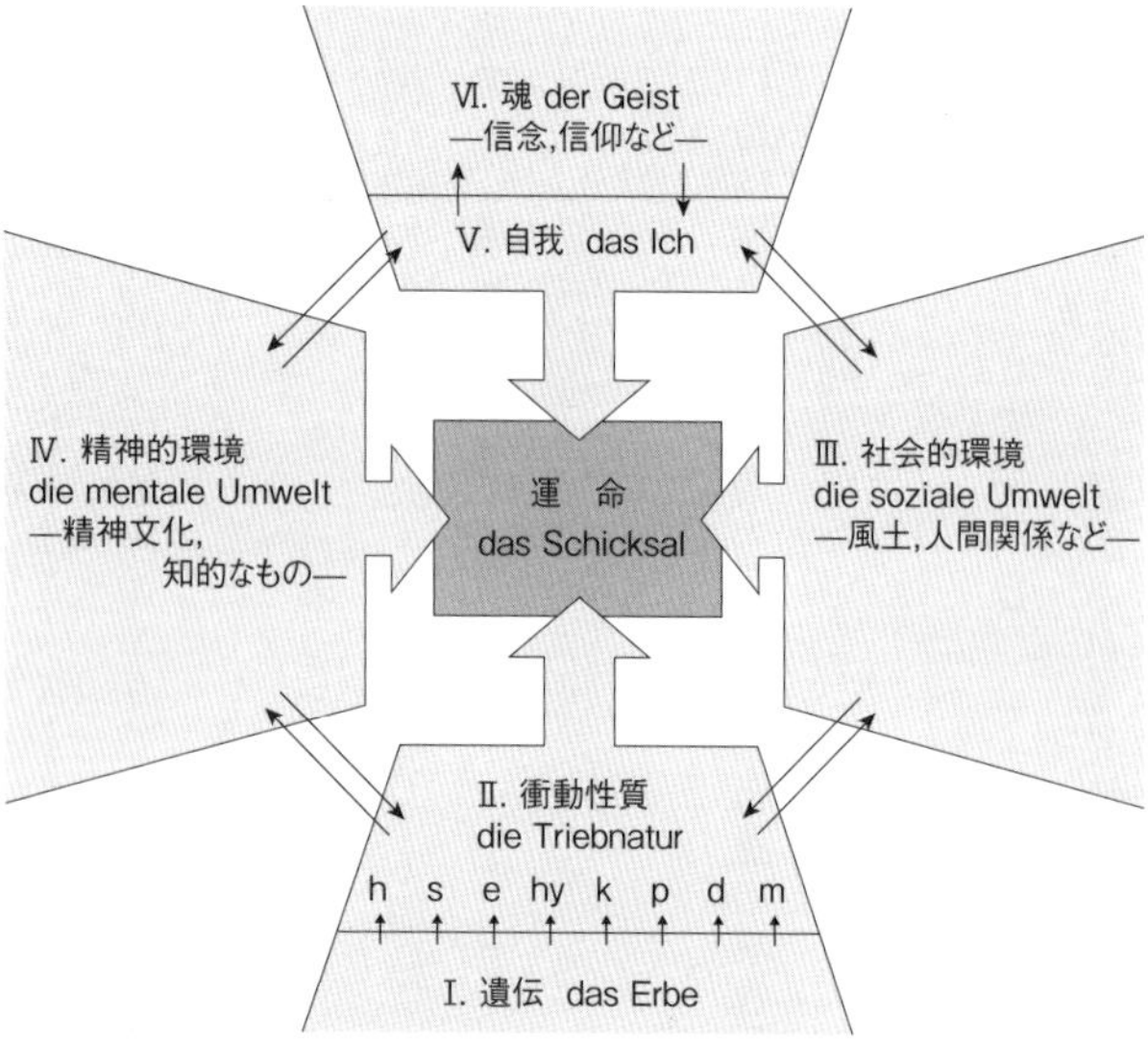

Ⅰ, Ⅱ, Ⅲ, Ⅳ……強制運命(Zwangsschicksal)
Ⅴ, Ⅵ………………自由・自我運命(Freiheits-oder Ich Schicksal)

図1 運命とその規制要因[(8)]

目に関連してソンディの運命学説を構成する六種の構成機能要素に留意しておきたいのである。**図1**に示したように、一人ひとりの個人に運命的な影響を与えるのは、Ⅰ、Ⅱ、Ⅲ、Ⅳにあげられる、内なるⅠ、Ⅱと外なるⅢ、Ⅳのそれぞれは自身として、何とも致し難い領域の強制運命(Zwangsschicksal)の領域である。自己自身の尊厳を担保する自由な自己の意識的体験と、その体験の昇華像とも見なされる超越的自我(transzerdent Ich)から形成される魂(der Geist)とを示すⅤとⅥは自由・自我運命(Freiheits-oder Ich Schicksal)と述べている。しかも、これをソンディ・テスト学的にはSch＝ㇶㇶの衝動ベクター反応像を与えている。この意味は、あらゆる対立するものの橋渡し的意義、つまり統合的自我像に関連するところのもので、これを架橋者自我（Pontifex-Ich）といった（注参照）。これについてソンディ自身（一九六〇）、架橋者自我とはフロイト的（つまり生物的）な身体自我（korper-Ich）とユング的（つまり仮構的）な精神自我（seelisch-Ich）を統合した形而上的なものであると言っている。具体的に主観と客観、意識と無意識、覚醒と夢、肉体と精神など、あらゆる対立して現象するところのものである。多少飛躍して理解の視座を拡大するならば、ソンディ・テスト所見のSch＝ㇶㇶを与える時、その投映言語（写真選択反応を通じて、その選択者がわれわれに語りかける言葉としての反応像のこと）は、限りなくスピリチュアルな世界を示唆していることになる。実際、ソンディ自身や、筆者が、テスト所見として同定した姿は以下の通りである（大塚 一九九二）。

・あらゆる対立する欲求と対象を昇華的に統合して適応しようとする緊張
・急性精神病などの興奮、不安、恐怖症状

（注）「架橋者自我」の「架橋者」（Pontifex）とは、ソンディの造語で、元の意味は、古代ローマにおける建築や橋の維持を主な仕事とした司教者のことをさした。現実から越超的な魂（自身の特殊な発展機能圏＝これを自我衝動の究極の姿としての最高裁判所になぞらえた）に内在する、対立するものの統合（橋をかける）機能を司どる司教者がポンティフェックスである。

3. スピリチュアル体験に関連する近接領域からの概観

もっとも注目されるのは一九九八年開催の世界保健機構（WHO）の第一〇一回執行理事会での、人の〝健康〟についての定義をめぐっての見解とその経過についてである。

主旨は、従来からの健康についての定義に新たにスピリチュアル（spiritual）とダイナミック（dynamic）という二語を加えようという提案である。原文は左の通りである。

Health is dynamic state of complete physical, mental, spiritual and social well-being and not merely the absence of diesease or infirmity.〟（健康とは完全な身体的、精神的、スピリチュアルなものと、社会的福祉の展開されているダイナミックな状態であって、単に疾病、または病弱なものはないということではない）

この提案はアフリカ、アラブ諸国など、いわゆるイスラム教圏のエジプト、イラン、ヨルダン、サウジアラビア等十三カ国からのものであった。一〇一回理事会では、賛成二十二、反対ゼロ、棄権八となり、この改正案は翌年一九九九年五月に開催された第五十二回WHO総会（世界百九十一カ国の加盟から成る）で審議された。結果は、審議の緊急性が他の案件に比べ低いなどの理由で審議入りしないまま、事務局長あずかりとして、今後に向けて見直しを検討することになった。大山鳴動、ネズミ一匹の謗《そし》りはまぬがれないかも知れないが、世界レベルで健康をめぐるテーマが、こうしたスピリチュアル次元で注目されたことは特筆されることである。

WHO執行理事会での日本の立場は、「重要なテーマであり、もっと時間をかけて議論すべきである」と棄権している。いかにも日本的スタンスで、いささか迫力を欠いている。

いずれにしても、この提案主旨と討論にみる特徴は、その共通とみなされる認識と反対の主張の面で、スピリチュアルに含まれる超越的ニュアンスに感じとられる人間に対する謙虚な心的態度から導き出される一種の健康観は注目される。と同時に誤解を生じ勝ちな超越的なものの認識が、そのまま偏狭な宗教性と不可分の関係にあることへの危惧を感じている傾向があることである（日本の早とちりの方々は spiritual をどう訳すべきか苦労されたとか……。「霊的」とすればアウトである……）。

アラブ諸国にみるイスラム文化の健康への認識は、いわば近代西洋医学にみるデカルト的な二元論に基づく科学観からの問題点、つまり精神と肉体の分化や分離、人間の物質的細分化の逢着点のような心理的立場からのアプローチを無視することに対する期せずしてのスピリチュアルなセンスへの重要性を主張する状況を生み出したとも考えられる。

日本のように多神教文化に培われた〝無宗教〟をもって現代人を認じている人々にとってはス

ピリチュアルな健康観にどう反応するのであろうか……。カタカナ的か漢字的（霊的）かで相当に受け止め方、実際性において局面を異にするようである。

難病治療に生涯を捧げた筆者の畏友、西谷　裕　博士が「医療とスピリチュアリティ」について述べているように、多忙な医師はともかく、長期入院患者で、とりわけ不治に近い難病に苦しまれる方々にかかわる看護師たちのスピリチュアルなセンスの必要性を指摘されている。ことに日本の看護師のこの面での評価尺度（spirituality rating scale）では、心の平穏、内的強さ、他者への執着、人生の意味など生きていく上での規範に関する項目には留意されているが、スピリチュアリティの中核的要素の一つである超越的次元への気づきを欠く傾向があり、今後の看護活動に求められる課題であるという。

実際に今日の日本の看護学において、その教材にみるリストをあげてみても、如何にスピリチュアルをキー・ワードとして提供をみているか驚かされる。「看護師によるスピリチュアル・ケア」「スピリチュアル・アセスメント」「メンタルヘルス・ケアにおけるスピリチュアリティ」「生命を脅かす病気とスピリチュアリティ」「老年看護におけるスピリチュアリティ」等限りない盛況である（Medical Audio visual communications Incorporated. 2006）。

4. スピリチュアル・エマージェンシーとその体験の意味するもの

ここで本論の主題としてこのスピリチュアルなテーマに至る原体験的な事実の相貌《そうぼう》を述べる。恐らくこのことは心理臨床学の実践的臨床の対象ともなる既述した危機的病床状態下での神秘体験で、これはスピリチュアルな緊急事態（spiritual emergency）に該当すると言えるだろう。強烈であったり、徐々に高まっていく一種の高揚感、エクスタシー的な喜悦、あるいは漠とした不安、怒り、悲しみといった感情的膨脹体験、とりわけ視覚的で強烈なイメージ体験を呈するという。瀕死の身体状態に陥った時の臨死体験の特徴として記載されているところのものである（尾崎真奈美他 二〇〇七）。

実際に、筆者の場合、緊急入院の第一日目から急性胃潰瘍の出血による身体的衰弱が強くなっていった。**表1**に、この間のもっとも厳しい状況下にあった入院第一日目から多少の回復をみた第七日目までの採血状況（ヘモグロビン成績）等、いわゆる神秘体験に対応する所見を表示しておいた。

身体的な所見は入院第三日目に胃壁の動脈毛細血管からの出血が止まらず、かつ三回目のクリップによる止血手術処置も効を奏せず、主治医から輸血の方針が伝えられ、それに反対する筆

表1　身体所見と医学的処置，状態一覧

	第1日目	2日	3日	4日	5日	6日	7日
血色素 g/dl（ヘモグロビン）	8.2	6.4	4.1	5.7	6.7	5.3	8.0
輸血			◎ 660cc	◎ 660cc		◎ 660cc	
心理体験		うつろ	ヌミノース的神秘体験	うつろ		うつろ	

者にエホバの信者かとからかわれ（?）、本人にとっては笑えないトラブルを経て、手術室から搬送されて病室に戻って、うつろな意識と異様なガナリ立てるようなイビキに、看護師が付き添いの家内に尋ねているのを覚えているのが、唯一の回想である。この前後の採血ヘモグロビンの値が、**表1**にあるように、四・一で、正常値の三分の一に低下し、輸血前のもっともエマージェンシーな状況にあったようだ。

この不安とうつろな時が流れる第三日目の午後三時頃であった。輸血の処置も始まっていない、独りぽつねんと病室のベッドにあって天井を見あげる横臥の状態にあった時である。そのクロス張りの広い天井（十畳）を背に、はっきりと観音像の姿が、ちょうど祭りの曳山の大きなからくり人形の、街頭の人々を見おろすような感じで現れた。明らかにその観音像は、法隆寺に伝えられた百済観世音菩薩像の腰から上の姿であった。うつろな衰弱の過程にあって、一瞬、なにもかも失念して、その御仏との無言の対話のような時が流れたように思う。生身の観音半身像と言い切れるものではなかった。しかし、そうは言っても木造の文化財としての塑像が天に屹立している状況とは無縁のものであったことは確かであった。

観音像出現状況は、まさに、これ以上でもないし、これ以下でもなかったというのが穏当なところであろう。ただ漠然とした静謐な、しかし一種の抑制された至高感のプロセスが流れたことが、想起される。第三日目の午後三時頃の体験過程であったようだが、それから一時間近く経過していたか、ドヤドヤと女性看護師を引き連れた担当医師団の来室による最初の輸血処置が開始された。

もはや至高の、しかし、ややうつろな時の流れは霧散してしまった。股間の動脈血管から輸血のための採血をされるのも、何ともわびしく、悲しいことだが、それにも増して、この出血と採血を補完するための輸血もおぞましい。誰の血液なのだろうか……。健康な、けなげな青年の貴重な献血であるのに文句を言う筋合はどこにもないことを十分承知しているけれどもである。数十分前の、あの至高体験はどこへいってしまったのだろうか……。第一回目の輸血処置も経ってから五時間以上経過した時、改めて天井に向かって先体験の御仏ご降臨を願うというよりは、天井のクロスを刺激素材と見立て、その何らかの模様や継ぎ目が、仏像イメージの刻印（投映）をしたかどうか、確かめたものである。第七日目のヘモグロビン値が相当に回復し、病状も安定化に向かった段階でも同じ検索を試みた。つまりこの検索行為は、ロールシャッハ第三図版からの人間反応（仏像反応）をモデルにした天井のロケーション（位置付）とデターミナンツ（決定因）の探索である。しかし思うのである。この認識こそ、この貴重な百済観音ご来迎の体験を見間違うところであったのだ。

どうやら、このスピリチュアルな体験は、まさに一つのイメージ体験であって、パレットとカンバスは天井ではなく、内なる私自身の「心」にあるというべきなのである。

いみじくもイメージ（image）とは「心像」といわれるように、このスピリチュアルな心理的体験は、刺激（S）―反射（R）システムとは無縁である。人それぞれの内的心性の特殊な現象を体験として理解されるところのものであろう。恐らく、われわれの心的作用（活動）として、このような内なる現象は、外なる対象の明確な存在（客観的対象物）を前提として認識されるものが知覚（perceiving）であり、また外なる対象の存在と内なるものの混合、交流作用とも見做される認識が連想（associateing）で、この知覚や連想から完全に独立した知覚といえるものが、つまり内なるものに由来する知覚こそ、心像（imagining, imagery）と言えるのではあるまいか。

ところで、この心像現象の由因、とりわけ本論のスピリチュアル・エマージェンシーは明らかに身体的不如意の段階で発来した。筆者の場合、出血による身体危機は相当に深刻で、ヘモグロビン数値（g/dl）は一一から一五が正常値とされているのに、四から六の値を示し、四・一を示した最も低値であった入院三日目の輸血処置前に一種のヌミノース的な神秘体験様の百済観音菩薩像のイメージ体験を経験したことになる。

出血に対する輸血処置は**表1**の◎印の日に実施されている。六日目の追加処置を加え、約二〇〇〇ccの輸血がなされた。一八〇〇ccが一升ビンであるから、相当な量による命の担保に傾注されたエマージェンシーにみる実態である。

なお、酸素の呼吸効果は救急医療の一つのメルクマールとして注目される。一般にその値が七以上であれば可とするそうであるが、緊急入院時直前の救急車搬送段階での値は「四」を記録し、緊張が走ったという。ただし入院第二日目より、この値は「七」に回復し、以降測定の要を求めない状況となった。ヘモグロビン値は退院時（十七日目）に八・六に改善されている。

ところで、心理臨床の実際の対象となるクライエントのさまざまの訴えや語らいに対して、その意味を問いかけ、そのクライエントの生きることへの課題に如何に応えていくかの基本的パラダイムが、上述してきた生理（Bio）、心理（Psycho）、社会（Socio）という三つの領域からの統合的な理解によって進められるべきことを強調してきた。また、このことは、臨床心理学における世界共通の認識として、いわば共通の教科書的スタンスから、この三つのパラダイムがあることを示唆したところであるが、このパラダイム（paradigm）とは、一つの分野に属する学者（研究者）の大方の者が共通の大前提と認めている手法や問題意識から発生する事実の理解や、その理解のための基本的枠組に関するところのものである。今回のスピリチュアル・エマージェンシーについて、生理学（医学）、心理学、社会学に関するパラダイムから理解につとめることは当然としても、最後のツメ（詰）で、この稀有な体験を十分に把握しきれないもどかしさが内在した。恐らくこの問題は三つのパラダイムでは律し切れない、第四のパラダイムがあることを予感させた。もとより、このことは、すでに示唆したように今回のスピリチュアルなパラダイムがそれである。しかし、この第四の視座というものが他の三つのパラダイムと何処が異なるかを明確にしなければならない。つまり、それは少なくとも臨死体験や、さまざまの神秘体験に一貫して認められるところもの、すなわち知覚（perceiving）、連想（associating）、心像（imaging）の一連の認識過程で明確化した心像現象（神秘体験）は明らかに自己自身の意識体系の支配下にはあり得ない現象（認識）バージョン（version）であるということである。自己を超越した（transzendent Selbst）性質を基本的にもっていることとである。

実際に、さまざまの他者（クライエント）とのかかわりで一回だけの面接で、治療家自身がびっくりするほどの改善への歩みを見る人もある。逆にまた幾年にもわたり難渋をきたすケースもある。この迷いに応える示唆も、実は無言の対話効果とも見做されるこのスピリチュアルなものの、治療家自身も気付きにくい、相互作用の成果ではなかろうか……。自己超越性のパラダイムは、しばしば宗教的イメージによるバリエーションとして理解しようとする側面をもっている。スピリチュアル（spiritual）の語に強調されるＷＨＯの健康概念の定義問題にも、この宗教性をめぐる昇華しきれない苦汁の紛糾を見るのである。看護師教育にスピリチュアルなセンスが求められているにもかかわらず、このテーマ（ヴァージョン）の宗教性への昇華作用を欠くうらみの精と言えるかも知れない。

＊

一つの神秘体験が、いろいろのことを語らせた。少なくも心理臨床のパラダイムに、このスピリチュアルなパラダイムがあるということを自覚的に気付かせた。ソンディ学を通じて学んだ彼の言う架橋者自我（Sch＝±±）も、今回のスピリチュアルな体験を通じて、その超越的自我のヴァリエーションとして、合点させた。

一方、ヌミノース体験に寄せるユング自身の主張が、さまざまの元型内にみる葛藤を経て、最終的に個人の力を超えて無力感をひき出すこと、しかも、その無力感にヌミノース的な性格があり、無意識の研究は、結局、宗教的な体験とつながることを考えたいという（Jung, C.G. 1938/1940）。

ユングの考え方を、ここでコピーするいわれはない。しかし筆者自身、七十六歳ではじめて体験する一種のヌミノース的経験は、いたくスピリチュアルな心の作用、自我を超越して展開するプロセスとその事実に、いたく本質的な学問的親近感（affinity）を催させる。ユングは六十九歳（一九四四）の時、足の骨を折り、また心筋梗塞に襲われた。病床にあっての幻想は、筆舌に尽くしがたい喜びで、至高体験であったという。七十六歳と六十九歳の比較の話とは無縁のことである。スピリチュアルな体験は人をさまざまに語らせるようだ。

【文献】

(1) 秋山さと子（一九七六）『聖なる次元』思索社
(2) アニエラ・ヤッフェ編　氏原寛訳（一九九五）『ユング――そのイメージとことば』誠信書房
(3) 藤原勝紀他編（二〇〇八）「心理臨床における臨床イメージ体験」『京大心理臨床シリーズ6』創元社
(4) Jung, C. G. *Psychology and Religion*／村本詔司訳（一九八九）『心理学と宗教』人文書院
(5) 松本亦太郎（一九三三）「学的生涯の追憶」『心理学研究』八、八〇六－八一〇
(6) 森岡正芳編（二〇〇八）『ナラティヴと心理療法』金剛出版
(7) 西谷　裕（二〇〇七）「医療とスピリチュアリティ」『m & m』(medical Facilities & Management) 医療施設近代化センター七号、二－五
(8) 大塚義孝（一九九三）『衝動病理学』〔増補〕誠信書房
(9) 大塚義孝（二〇〇四）『臨床心理学原論』「臨床心理学全書1」誠信書房
(10) 尾崎真奈美他編（二〇〇七）『スピリチュアリティとは何か』ナカニシヤ出版
(11) 氏原　寛他編（二〇〇四）『心理臨床大事典』〔改訂版〕培風館
(12) 臼田　寛他　ＷＨＯ憲章の健康定義改正案の経過　http://www.med.hokudai.ac.jp/~senior-w/Others/whohealth. html

あとがき

本書は平成八年（一九九六）六月以降、平成二十年（二〇〇八）五月までの十二年間に公刊された論文、小論、コラム等六十六編の再録に書き下し論文「臨床心理学原論　補遺」を加えたものから成る。個々の小論、コラム等の末尾に、その公刊された年度（西暦）を示しておいた。同年度の記載がある場合は若い頁のものほど古いことを意味する。

本書の第1部は鹿児島大学大学院、佛教大学大学院および帝塚山学院大学院のそれぞれの臨床心理学専攻に直結している定期刊行誌（臨床心理学研究紀要　等）に寄稿したものから成る。トップの小論は、平成十六年（二〇〇四）一月に、鹿児島大学大学院で講演したものの再録寄稿論文（二〇〇六）である。これ以外はすべて当該雑誌の巻頭言として記載したものの再録である。

第2部は一般刊行雑誌、新聞コラムに寄稿した小論から成る。

第3部は季刊『補導だより』のコラム「羅針盤」の再録である。前著『迷説・妄言・沈思――わが心理臨床の轍から』（至文堂　一九九一）と『こころ学のススメ』（日本評論社　一九九六）に続いての上梓である。今回は四十八編の、主に非行臨床をめぐっての妄言録であるが、昭和六十二年

（一九八二）から二十九年間続いている不倒連載記録（？）の代物《しろもの》である。

最後をしめる本書唯一の書き下し論文は平成十八年（二〇〇六）十一月十二日の臨床心理士資格判定評価会議中に急性出血性胃潰瘍で緊急入院した際に、一種の神秘体験をしたことをめぐる話から臨床心理学の基本的パラダイムにスピリチュアルなセンスを注入することを述べた習作論文である。

それにしても、ここに至る心理臨床実践の長い歩みのなかで、この唐突の病魔に倒れたことは、木田　宏　認定協会前会頭の逝去（平成十七年六月）に続いて、河合隼雄　臨床心理士会長も、脳梗塞で倒れられ（平成十八年八月）、それを案じての状況であったように思えてしきりである。その河合会長も、その後、ひと言も語られないまま、翌年（平成十九年）七月十九日に鬼籍に入られた。

断腸の思いである。しかしまた、この不幸の負からの再生への禊《みそぎ》の作業に似たものが本書公刊への一端であったようにも思える。ご両人の霊前に捧げる秘めた微意を語ることのお許しを願いたい。

平成二十年七月十九日

大塚　義孝

【初出一覧】

第1部　こころの時代の臨床心理士

1．鹿児島大学大学院『心理臨床相談室紀要』二号、特別寄稿（二〇〇六年）

2〜4．佛教大学『臨床心理学研究センター紀要』三号（一九九七年）・四号（一九九八年）・五号（一九九九年）各巻「巻頭言」

5・6．佛教大学『臨床心理学研究紀要』六・七合併号（二〇〇二年）・八号（二〇〇二年）各巻「巻頭言」

7〜9．帝塚山学院大学大学院『心理教育相談センター紀要』二号（二〇〇五年）・三号（二〇〇六年）・四号（二〇〇七年）各巻「巻頭言」

第2部　こころの時代の閑話休題

1〜7．『京都新聞』夕刊「こころ…宗教　閑話休題」一九九九年一月五日・四月六日・八月十七日・十一月二十日・二〇〇〇年三月四日・六月三日・九月十六日

8．『BUTSUDAI』九号（一九九九年）

9．心理臨床家のためのこの1冊『臨床心理学』六巻三号（二〇〇六年）四一九〜四二三、金剛出版

第3部　こころの時代の羅針盤

『補導だより』（社団法人京都府少年補導協会編、京都府警本部生活安全部少年課監修）二三六〜二八四号、連載コラム「羅針盤」

第4部　臨床心理学原論　補遺

書き下ろし

●著者略歴

大塚　義孝（おおつか　よしたか）

1931（昭和6）年2月11日　滋賀県大津市生まれ

1958年：金沢大学 法文学部哲学科 心理学専攻卒業

1971〜2008年：京都女子大学教授／龍谷大学教授／佛教大学大学院教授／京都女子大学名誉教授

現　在：帝塚山学院大学大学院教授（人間科学研究科長）／財団法人 日本臨床心理士資格認定協会専務理事／学術博士・臨床心理士

著　書：『衝動病理学』1974, 1993 誠信書房,『臨床心理学大系第6巻』（編著）1992 金子書房,『こころ学のススメ』1996 日本評論社, 現代のエスプリ別冊臨床心理学シリーズⅠ『心の病理学』同シリーズⅢ『心理面接プラクティス』（編著）1998 至文堂,『臨床心理学全書』2003〜2005 全13巻 監修代表 誠信書房, 他多数

こころの時代《じだい》を歩《ある》く

2008年8月30日　第1刷発行

著　者　大　塚　義　孝

発行者　柴　田　敏　樹

印刷者　西　澤　道　祐

発行所　株式会社　誠　信　書　房

〒112-0012　東京都文京区大塚3-20-6

電話　03（3946）5666

http://www.seishinshobo.co.jp/

あづま堂印刷　イマヰ製本所

ISBN978-4-414-40365-7 C0011